Edition Axel Menges

Hans Meyer-Veden

ALTONA

STADT-TEILE

Essay
Bernd Busch

Ernst & Sohn

Verlag für Architektur und technische Wissenschaften
Berlin
ISBN 3-433-02365-4

Reproduktionen
Repro GmbH Fellbach, Fellbach-Schmiden

Satz
Alphabet KG, Berlin

Druck
Alphabet KG, Berlin

Bindearbeiten
Lüderitz & Bauer GmbH, Berlin

Konzeption
Hans Meyer-Veden, Axel Menges

Gestaltung
Hans Meyer-Veden, Axel Menges

Lektorat
Dorothea A. Duwe

Herstellung
Fred Willer

Bernd Busch

Faites vos jeux
Einige Gedankensprünge zum Einsatz des Photographen Hans Meyer-Veden

». . . Autos schossen aus schmalen, tiefen Straßen in die Seichtigkeit heller Plätze. Fußgängerdunkelheit bildete wolkige Schnüre. Wo kräftigere Striche der Geschwindigkeit quer durch ihre lockere Eile fuhren, verdickten sie sich, rieselten nachher rascher und hatten nach wenigen Schwingungen wieder ihren gleichmäßigen Puls. Hunderte Töne waren zu einem drahtigen Geräusch miteinander verwunden, aus dem einzelne Spitzen vorstanden, längs dessen schneidige Kanten liefen und sich wieder einebneten, von dem klare Töne absplitterten und verflogen. An diesem Geräusch, ohne daß sich seine Besonderheit beschreiben ließe, würde ein Mensch nach jahrelanger Abwesenheit mit geschlossenen Augen erkannt haben, daß er sich in . . . Krrrk, krk, wwsssst, krk . . .«

Musik hatte die Stimme, die aus einem Fenster gedrungen war, abgelöst – aber der Name, der uns nun vorenthalten worden ist, soll keine Rolle spielen. Auch in dieser Straße, auf die das Fenster sich öffnete und in die es aus seiner vagen Tiefe die Botschaften des Radios entließ, war alles vorhanden: die Regelmäßigkeiten und Unregelmäßigkeiten, das Netz aus Lärm und Stille, Bewegung und plötzlichem Stocken, Geschichte und Gegenwart. Und irgendwo da vorne schien sich ein Knoten zu bilden, da war etwas aus der Reihe getreten und wirkte wie ein Block, an dem der Strom der Bewegung nun sich staute.

»Entschuldigung, was nehmen Sie da eigentlich auf?«

Der Angesprochene zögerte. Statt sofort auf eine derart höflich, aber bestimmt vorgetragene Frage zu reagieren – schließlich kannte er diese immerfort sich wiederholende Geschichte, dieses Zur-Rede-Gestellt-Werden schon bis zum Überdruß –, anstatt also seinerseits den Spielregeln dieser Situation zu gehorchen und hier und jetzt vor den anderen Rechenschaft abzulegen, schwieg er und verfolgte mit seinen Augen, die hinter einer Kamera aufgetaucht waren, den gerade vorbeiziehenden Wassersprengwagen. Für Sekunden zeichnete sein Blick die Spur nach, die der ordnungsgemäß verteilte Regen auf der von der Sonne erhitzten Asphaltbahn der Straße hinterließ. Dann wurde seine Aufmerksamkeit von den nachdrängenden Fahrzeugen überrollt. Er wandte sich um und fixierte den Mann, der aus der kleinen Gruppe neugieriger Beobachter die Frage an ihn gerichtet hatte.

»Das Haus dort drüben, übrigens nicht zum ersten Mal.«

Noch während der Photograph antwortete, war der Mann musternd nähergetreten und hatte dabei aus seiner Pfeife eine kleine Folge von Wolken in der Luft zurückgelassen.

»Also an den Tatort zurückgekehrt«, konstatierte er befriedigt und sonderte nun ein kreisförmiges Rauchgebilde ab, dessen beeindruckend klare Kontur allmählich in Unbestimmtheit zerging.

»Bitte?«

»Locus communis, locus amoenus, locus ille locarum, kommt alles auf den Blickwinkel an . . .«

»Wie bitte?!«

»Ich rede vom Tatort«, setzte der hinter der Pfeife nach.

»Ach so, ja, das ist hier wirklich so etwas wie ein Tatort für mich, wenn sie so wollen. Mit dieser Gegend ist für mich viel verbunden, auch photographisch.«

»Locus photogra . . .«

Vielleicht um einer erneuten Attacke der Gelehrsamkeit zu entgehen, fuhr der Photograph dazwischen: »Ja, hier liegt der Anfang meiner persönlichen Photographie, d.h. des Versuchs, in meiner Umgebung alles mögliche kennenzulernen, eine Art Heimatkunde zu betreiben und das Ergebnis in Bildern festzuhalten. Zuerst ganz topographisch, dann statistisch die Architektur, die Straßen zuerst, dann die Häuser, dann die Häuser innen . . .«

»Genaue Beobachtung, aha«, die Pfeife machte ein Ausrufezeichen und schien der Hand des Photographen den Weg zu weisen, die resigniert die Kamera in eine am Boden stehende Tasche sinken ließ.

»Das ist . . .«, vernahm man ein Flüstern aus dem Hintergrund, »Du weißt schon, der mit dem ›Praktischen Handbuch der Bienenzucht‹ und der ›Studie in Scharlachrot‹ «.

Jeder hatte hier das nicht unberechtigte Gefühl, etwas Besonderes zu erleben. Wer es sich leisten konnte, seine Aufgaben und Pflichten zu vernachlässigen, hielt inne, trat heran und trug so dazu bei, die ganze Angelegenheit stetig anwachsen zu lassen. Solch ein Ereignis . . .

»Meinen Sie, daß der mit der Kamera Auskunft gibt?«

»Sieht ganz so aus.«

»Los, ich photographiere nämlich auch . . .«

»Pssst!«

»Ja, hier hat alles angefangen, auch, daß ich immer mehr auf Präzision geachtet habe, darauf, wirklich präzise Bilder zu machen.«

»Aber woher wissen Sie, worauf Sie achten müssen und was wichtig ist?«, beharrte der mit der Pfeife.

»Und woher wissen Sie das?«

Die Pfeife stellte sich in Positur und blickte in die Runde. »Sie kennen ja meine Methode. Sie gründet auf der Beobachtung von Belanglosigkeiten . . .«

»Er ist es«, murmelte es im Hintergrund, und die Pfeife reckte sich empor. »Paff«.

»Das hört sich so lapidar an«, wagte der Photograph zu entgegnen. Für einen kurzen Augenblick stockte er, wie um seine Gedanken zu sammeln, dann fuhr er fort: »Das ist Arbeit, die Photographie meine ich, wenn auch eine, die für mich sehr erfüllt ist.«

Die Leute drängten noch näher heran. »Erfüllte Arbeit«, wurde an die hinteren Reihen weitergegeben, »6 x 9«, »9 x 12«, »Quatsch«, »21 Din«, »Licht«, ». . . stärke«, spekulierte man kreuz und quer.

»Einfach der Versuch«, hob der Photograph wieder an, »eine Sache zu durchdringen, sie anzuschauen, mit ihr umzugehen, sie also auch zu lieben. Ohne sich von den Dingen, von ihrer Zuwendung abhängig zu machen . . .« Er schien dem anfänglichen Wortgeplänkel jetzt einen ernsthafteren Charakter verleihen zu wollen. »Wissen Sie«, er blickte sich um und senkte dann etwas die Stimme, »Zuneigung zu den Dingen, das ist für mich von größter Wichtigkeit«.

»Liebe, Zuneigung, so ein Unsinn, mit Präzision hat das nichts mehr zu tun. Ich halte mich an exakte Beobachtung, an meine Lupe beispielsweise und an meine Kombinationsgabe . . .«, hinter der Pfeife schien etwas zu stocken, dann geriet der gesamte, an ihr hängende Körper in nervöse Bewegung.

»Watson, wo steckst Du eigentlich!?« Mit dieser Feststellung der untrüglichen, darum aber auch umso verstörenderen Abwesenheit (Watson ist nicht da!) und der zielsicher aus diesem, noch wie verschwommen sich darstellenden Mangel abgeleiteten Frage (Wo dann?), mit dieser bemerkenswerten, in den nur fünf Wörtern des Ausrufs sich verdichtenden, gespannten Aufmerksamkeit hatte sein Mienenspiel zu einer neuen, befestigten Form gefunden. Die freund-

liche, etwas überhebliche Gelassenheit war nun einer intensiven Konzentration gewichen.
»Fort-Da«, zog der Photograph, der die Veränderungen seines Gegenübers genau verfolgt hatte, seine Schlüsse. Solch ein offenbar gewichtiges Problem konnte nicht unbestimmt und ungeklärt bleiben, dem mußte er insgeheim beipflichten. Er jedenfalls sah nun klarer. »Mein Herr, dies zeigt mir, wer Sie sind. Wenn ich Sie so betrachte, dann ahne ich, daß denen nichts Gutes bevorsteht, die Sie mit aller Macht zur Strecke bringen wollen. Wenn Sie die Spezies Mensch unter die Lupe nehmen, dann doch, um sich an eine Diagnose heranzuarbeiten. Sie wollen identifizieren, Spuren lesen, um sich in deren Gefolge eines anderen Menschen bemächtigen zu können. Das ist kein Spiel!«
»Aber ein würdiger Kampf!«
»Ja, aber für mich geht es um etwas anderes. Ich beobachte auch, ich werde auch von Neugier getrieben, aber ebenso von Zuneigung. Ich verlagere durch das viele Beobachten, bevor ich die Kamera auslöse, die ganze Welt, die ganze Substanz. Das breitet sich wunderbar aus. Die Welt wird durchdrungen, reflektiert und was weiß ich noch alles, und ich brauche die Gegenstände überhaupt nicht wegzunehmen von dort, wo sie sind, sie bleiben frei in dieser Kommunikation. Und deshalb . . .«
Plötzlich drängte sich jemand ungestüm nach vorn.
»Watson, endlich! Wo ist die Lupe?«
Der neu Hinzugekommene wischte sich den Schweiß von der Stirn und eröffnete dann mit einer noch atemlosen Stimme: »Die hat Sir Francis sich ausgeliehen, er studiert mit Antonioni die Situation.«
»Hat er etwa einen Verdacht?«, nuschelte es hinter der Pfeife. Die Verwandlung hatte sich nun endgültig vollzogen. Die Augenbrauen hatten sich zu zwei harten, schwarzen Linien zusammengezogen, unter denen die Augen mit dem berühmten kalten Glitzern hervorstachen. Er hielt den Kopf, sogar die Schultern gesenkt und die Lippen zusammengepreßt. Alles war nun so ausschließlich auf die Spur, die sich hier anbot und die er unbarmherzig zu verfolgen gedachte, konzentriert, daß er die Kommentare seiner Umgebung überhaupt nicht mehr aufnahm. Mit einem ungeduldigen Knurren zog er die hagere Gestalt Watsons mit sich fort.
Offensichtlich erleichtert, bückte sich der Photograph nach seiner Kamera. Die Arbeit mußte wieder aufgenommen werden.
»Könnten Sie jetzt bitte ein Stück zur Seite gehen, ich möchte weitermachen.« Er wechselte die Optik und setzte seinen Apparat erneut an.
»Der Weg zur Sache ist Vorbereitung«, sprach er sich Mut zu. »Angesichts solcher Umstände muß ich dem entscheidenden Augenblick des Auslösens so weit voraus sein, daß noch Reflexion und Absicht möglich sind.« Er war nun durchaus optimistisch gestimmt, diese Zeit mußte man sich zugestehen, diese kleinen Schritte. Seine Geduld schien Früchte zu tragen, die Wirklichkeit sich zum Bild zu fügen. Schließlich hatte er gelernt, erst dann zu photographieren, wenn sich im Brennpunkt der Situation das Eigentümliche fand.
»Photographieren muß Denken sein, dann sieht man Bilder«, bekräftigte er und spannte seinen Finger.
»Verdammt, das Licht!«, die Spannung verließ die Hand und breitete sich im ganzen Körper aus. Reagieren . . .
»Hallo, was machen Sie denn da? Bitte!«
»Ich erkläre diesem Fährtenleser hier, was es mit der Spur auf sich hat. Sie wissen doch.«
Der andere der beiden Männer, die unversehens vor dem Kamera-Auge des Photographen ins Debattieren geraten waren, sah überrascht auf.
»Man sucht den Osten und findet den Westen.« Dann versuchte er, seinen Gesprächspartner am Arm mit sich fortzuziehen. »Komm Jacques, laß uns weitergehen.«
Der freilich schien über die unerwartete Störung des Gesprächs nicht wenig erbost zu sein. »Carlo, nun lenk doch nicht wieder ab!«
»Bitte«, drängte derweil der Photograph.
»Also, eigentlich sollte das doch auch Sie interessieren«, wurde ihm unwirsch entgegengehalten.
»Ja, vielleicht. Nur stören Sie mich jetzt, das sehen Sie doch.« Und in schärferem Ton fügte er hinzu: »Wenn Sie mir die Perspektiven verstellen, kann dies nicht gelingen. Was soll's, es sind genug Worte verloren worden, könnten Sie Ihr Gespräch also bitte an einem anderen Ort fortsetzen?«
Eine gespannte Ruhe war eingekehrt, die Neugier hatte ein neues Ziel ausgemacht.
»Wer behält das letzte Wort?«
»Genug der Worte!«
»Ich will was sehen!« . . .
Der mit Carlo Angesprochene zog jetzt ein großes Album hervor, das er unter dem Arm bei sich getragen hatte, und begann mit beiden Armen die schweren Deckel des ledernen Einbands zu öffnen.
»Wenn er sich jetzt mit all seinen Sinnen darauf konzentriert, dann wird er erkennen müssen«, flüsterte er seinem Begleiter zu, während er das geöffnete Buch dem Photographen entgegenhielt.
»Nein, Carlo, laß die Schlagbilder von Aby besser aus dem Spiel!« tadelte dieser und trat rasch zwischen den sich eröffnenden Einblick und den Photographen.
»Du irrst, Jacques, dies habe ich von O'Malley. Aber Du hast jetzt alles verdorben. Also komm endlich, laß uns hier verschwinden.« Er schlug die Deckel wieder zu und manövrierte das sperrige Buch unter seinen Arm zurück.
In demonstrativer Langsamkeit räumten sie das Feld (»Schade«), bereits wieder in ihre Debatte vertieft.
»Vergeblich, halten wir uns lieber an das, was uns betrifft. Immer diese Reserve.« »Also kehren wir zurück. Die Spur . . .«
»Dieser ständige Aufschub. Die reden vielleicht über Photographie, aber inmitten einer photographischen Situation«, trug der Photograph nach und wandte sich wieder seinem Vorhaben zu.
»Da hätten Sie wohl früher aufstehen müssen«, spöttelte eine etwas zerzauste Gestalt, die mit ihrem vollbepackten Handwagen im Verlauf der Auseinandersetzung immer näher herangekommen war.
»Atget, Sie hier?«
»Warum nicht? Ich durchstreife immer noch das Traumbild der Stadt«, und er wies dabei in die Richtung eines kleinen Trupps, der etwas verloren inmitten des Verkehrsgewühls auf der Straße bunte Fahnen schwenkte und gegen den Krach »Hoch die internationale Kinderschokolade« anrief. »Dort kommt die Nachhut meiner Imagination, sie werden die Ersten sein. Aber, Sie sehen, die Zeiten sind unserer Sache nicht günstig gestimmt.«
»Ich weiß«, pflichtete ihm der Photograph bei, während er aufmerksam das merkwürdige Schauspiel verfolgte, das sich ihnen auf der Straße darbot. Die Zeit bewegte sich, dies war nicht zu leugnen. Man wußte nur nicht, wohin. Schon gar nicht, wenn so viel durcheinanderging und miteinander zu kollidieren drohte. Man hörte jetzt auch schon die Sirene nahen, was manchen der Herumstehenden mit Genugtuung erfüllte. Nicht so den Photographen, der sich mit einer Geste des Unwillens von den zu erwartenden Ereignissen abkehrte.
»Diese Verhältnisse . . . Sie sehen ja, das, was sich Ihren Aufnahmen eingesenkt hat, was überhaupt deren verschwiegenen, surrealen Zauber erwirken konnte, darüber ziehen heute mit einer ungeheuren Ge-

walt die Verhältnisse hinweg. Schauen Sie sich nur diese Straße an. Da helfen uns jetzt kaum noch die entscheidenden Augenblicke, in denen die Wirklichkeit sich unseren Blicken fügt, oder archäologische Intentionen. Das ist wie mit Hase und Igel . . . Die Schwierigkeiten fangen ja schon mit den Menschen an, das ist ein inhaltliches und zugleich methodisches Problem . . .«
»Methodisches Problem?« Der Detektiv und sein Schatten waren wieder aufgetaucht. »Watson, hol' mir jetzt endlich die Lupe von Antonioni. Das alles hier droht sich unerträglich aufzublasen, verlangt nach Ordnung und Untersuchung.«
»Nicht schon wieder!«
Demonstrativ drehte der Photograph den beiden, die heftig über das weitere Vorgehen zu streiten begonnen hatten, den Rücken zu und redete auf Atget ein: »Verehrter Atget, das, was ich hier versuche, könnte auch Sie interessieren. Es ist die Lehre aus vielen Erfahrungen. So habe ich beispielsweise gemeinsam mit einem Architekten ein Projekt für ein städtebauliches Seminar entwickelt.«
Atgets Interesse schien tatsächlich geweckt: »Auch ich habe meine Erfahrungen machen müssen, bis ich der Gegenwärtigkeit entrinnen konnte. Noch immer führt mein Passionsweg von Station zu Station, von Tatort zu Tatort. Ist alles hier drin«, und er deutete erst auf seinen Kopf und anschließend auf den kleinen Wagen.
»Waren das, wovon Sie sprachen, Vorlagen für Architekten?«
»Nicht so ganz«, erwiderte der Photograph. »Ich habe damals mit den einfachsten Dingen angefangen, da standen Punkt und Linie. Ich habe viele Bilder gemacht: Punkte, das konnten Nieten in einem Träger sein oder Verkabelungen von Straßenbahndrähten, das waren Linien und Kreuzungen. Wunderbar, so ein visuelles Vokabular herzustellen, daß man erkennt, woraus eine Stadt mengenweise besteht.«
Nun machte sich die Polizeisirene bereits aus unmittelbarer Nähe bemerkbar.
»Das Vokabular der Großstadt, die Großstadtsymphonie?«, bemerkte Atget. »Kamen da nicht auch welche, die von den schnell und fiebrig lebenden Menschen sprachen, von Bildern der Straße, die aus einem mit höchster Geschwindigkeit fahrenden Auto geschossen werden müßten? Alle Positionen wurden gefordert und die stärksten optischen Erlebnisse, die dem Menschen zuteil werden können, propagiert. Und war da nicht auch ein neuer Photograph im Spiel?«
»Ja, der hat auch eine Verantwortung auf sich geladen«, gab der Photograph etwas unwirsch zur Antwort und griff dann wieder seinen Gedanken auf. »Jedenfalls, das ging alles relativ gut, so eine Grammatik aufzubauen. Aber es hörte sofort auf, wenn Menschen ins Spiel kamen. Man konnte es nicht mehr analysieren, schon gar nicht mit naturwissenschaftlichen Methoden. Wenn der Mensch ein Versatzstück auf einem Platz war, also von oben gesehen, ein graphisches Element demnach, kein Problem. Aber wehe, wenn man den Menschen ins Gesicht photographierte und es um sie selbst ging – aus.«
Atget hatte damit begonnen, in seinem Handwagen zu kramen und nach und nach kleine Bündel mit Photographien daraus hervorzuziehen. Während die Polizei, die soeben eingetroffen war, sich beeilte, den empörten Autofahrern zu ihrem Recht zu verhelfen, machte sich Atget daran, seine Bilder feilzubieten: »Studien für Künstler, Studien für Künstler«, rief er immer wieder.
»Jeder ist ein Künstler«, antwortete jemand aus der Versammlung, die unter dem vereinten Ansturm von Stoßstangen und Schlagstöcken auf den Bürgersteig abgedrängt worden war, und schwenkte einen Filzfetzen.
»Hier gibt es etwas zu kaufen, Kunst.« Immer mehr Leute drängten heran. In ihrer Mitte wedelte eine Pfeife.
»Watson, Sie haben alles übersehen, was wichtig ist. Dabei ist doch Vorsicht vonnöten . . . Hoppla!«
Ein Handgemenge war entstanden. Etwas schlug am Boden auf.
»Verdammt, das war Antonioni, mit Kamera – und Lupe!«
Der Photograph ging wieder an die Arbeit.
»Anticomar«, klang es noch an sein Ohr.

Eine Geschichte der Photographie könnte sicherlich auch von den Beziehungen zwischen diesem Medium und der Stadt handeln. Dabei umfaßte dieses spannungsvolle und fruchtbare Verhältnis durchaus nicht nur die verschiedenartigen Einsichten, welche das Medium Photographie den urbanen Lebenswelten eröffnet hat. Sicherlich, die photographische Belichtung dieses Sujets ist immer ein hervorragendes Betätigungsfeld für die Aufklärungs- und Entdeckungskräfte des Mediums gewesen – ob es sich um die Repräsentationsfassade der Stadt oder um die mit dem Bann des Verschweigens belegten Lebens- und Arbeitsbedingungen, die Tatorte gesellschaftlichen Wahrnehmungsentzugs handeln mochte.
Die Sichtbarkeit, an deren Herstellung die Photographie gearbeitet hat, bezieht jedoch auch die gleichsam abstrakten Figuren und Konfigurationen der Urbanität ein: das Formenrepertoire, zu dem die gegenständliche Realität ebenso wie ihre Wahrnehmungsweisen im Malstrom der Alltäglichkeit modelliert worden sind, zu dem die Großstadt die ihr eigentümlichen Wahrnehmungsformen bestimmt hat. Insbesondere im 20. Jahrhundert hat sich eine äußerst produktive Konstellation zwischen Kamera-Auge und Großstadt entwickelt, deren Bildfügungen wie die ästhetische Summe aus der allegorischen Intention des Mediums und der Realabstraktion, die ihm von seinem Gegenstand: Stadt entgegentritt, anmuten. Auch dies ist ein photographischer Beitrag zur Herausbildung eines visuellen Vokabulars der modernen Großstadt, ein bedeutender Anstoß, den dieses Medium einer Wahrnehmung der Moderne vermittelt hat.
Zum Wechselspiel zwischen Photographie und Stadt gehören weiterhin die äußerst günstigen Entwicklungsbedingungen, welche dieses Medium im 19. Jahrhundert in den großen Städten vorfand – vom interessierten Publikum, das die ersten photographischen Bilder begutachtete, über die Kundschaft des bald aufblühenden photographischen Porträtgewerbes bis hin zu dem durch die städtischen Lebensverhältnisse angestachelten Bedarf nach Wahrnehmungssensationen. So hat die Sehnsucht nach dem Fremden, Anderen, Neuartigen oder Exotischen einen photographischen Expansionsprozeß befeuert und befördert, der die Welt und ihre Dimensionen umgewertet hat. Photographie hat die Welt in ihrer Reproduktion handlich gemacht, und sie hat dieses photographische Universum schließlich der Stadt, der urbanen Lebenswelt, als deren imaginären Horizont eingebildet. Das Verschwinden der Ferne in den medialen Kommunikationsnetzen unserer Zeit hat seine Vorgeschichte auch in diesem photographischen Assimilationsprozeß. Hier, wie auch in ihren anderen Facetten, verweist die Liaison von Photographie und Stadt immer auf die Kultur-Ökonomie einer Gesellschaft.
Bereits an der wechselvollen Beziehung zwischen Daguerre und Nièpce, an der Entdeckungsgeschichte der Photographie also, lassen sich derartige Gedanken entwickeln – und auch an der Arbeit des Engländers Talbot, dem Entdecker und Pionier des photographischen Negativ-Positiv-Verfahrens.
1844 begann Talbot mit der Veröffentlichung von *The Pencil of Nature*, dem ersten photographisch illustrierten Buch. Für die zweite Bildtafel dieses in einer photographischen Manufaktur reproduzierten und in fortlaufenden Lieferungen angebotenen Werks wählte er

eine Photographie des Boulevard des Capucines in Paris. Es handelte sich hierbei um ein Bild aus einer ganzen Serie von Aufnahmen, die Talbot 1843 während eines Aufenthalts in Paris von seinem Hotel aus gemacht hatte. In *The Pencil of Nature* nannte er diese Tafel dann: »Ansichten der Boulevards zu Paris«. Der Bild-Name wurde von ihm damit in eine Allgemeinheit zurückgenommen, der doppelte Plural wahrt Distanz zum Besonderen der Wahrnehmung und ihrer Gegenstände. Mit gutem Grund, bedenkt man die damals neue Qualität der photographischen Bilder, angesichts derer sich plötzlich eine verstörende Kluft zwischen Wahrnehmung und Bild-Prozeß aufgetan hatte. Die Ökonomie des Verfahrens hatte den Prozeß der Aufzeichnung technifiziert und rationalisiert; der photographische Augenblick, in dem das Licht die Gestalt der Objekte der empfindlichen Schicht einbildet, hatte zugleich die Zeit der Dinge und der menschlichen Einbildungskraft überholt. Denn in der Spannung zwischen der photographischen Zeit der Fixierung und der Zeit der Wahrnehmung, der vergangenen des Motivs wie der nachträglichen des Bildes, gewann und gewinnt immer noch die Qualität der Photographie, mitsamt der auch für uns unter dem Mantel der Selbstverständlichkeit fortwirkenden Wahrnehmungszumutungen, ihre rätselhafte Gestalt.

Talbot hat der Tafel mit der Aufnahme des Boulevards, ebenso wie den anderen Tafeln des Buches, einen längeren Text beigegeben, und es ist merkwürdig und bemerkenswert zugleich, wie die Beschreibung hier die Photographie gleichsam mit einem Gewebe sprachlicher Informationen umgibt. Der Blick des Betrachters wird vom Text geradezu hergestellt: Die Umstände der Aufnahme, der Augenblick ihres Entstehens sowie die räumlichen Gegebenheiten werden heraufgerufen. Die Perspektive der Kamera und der Anblick des Bildes werden gleichzeitig in ihren Raum-Zeit-Koordinaten lokalisiert und um all jene Geschehnisse erweitert, die von der gezeigten »Ansicht« nicht oder nur spurenhaft überliefert sind. Es ist wie in jener von der Photographie verzeichneten Spur des Wasserwagens, die sich unter jedem neuerlichen Blick auf diese Tafel zum »Synonym des Vergangenen in der Photographie« (Timm Stare) entwickelt. In der Tat ist die Zeit, die dem Augenblick der Aufnahme durch die feuchten Spuren des Sprengwagens mitgegeben scheint, vergangen – das Transitorische ist im Moment seiner photographischen Fixierung verschwunden. Damit wird die »Unparteilichkeit« der photographischen Abbildung, die Talbot wiederholt euphorisch kommentiert hat, zur Herausforderung des Wahrnehmungssinns, indem sie die Differenz zwischen Anschauung und Aufnahme festhält. Als Wahrnehmungsgegenstand scheint die Photographie daher der Beschreibung und vielfach auch der Beschriftung zu bedürfen, um sich aus der Ferne, in die sie versunken ist, zu lösen. Das Bild ruht gleichsam auf dem vergangenen Geschehen, in dessen Verlauf es eingebrochen ist und das im Moment der Aufnahme abreißt. In *The Pencil of Nature* soll diese in der Photographie angehaltene, die »aufgehobene Zeit« (Hubertus von Amelunxen) nun durch den Text der Wahrnehmung zurückgegeben werden – die Worte betten die Anschauung der »Ansicht« auf die Erinnerung ihrer Geschichte.

Auch eine bereits um 1838 von Daguerre aufgenommene Daguerreotypie des Boulevard du Temple konfrontiert uns mit der merkwürdigen Zeitlichkeit der Photographie, die gerade auch durch die technischen Unzulänglichkeiten in der Frühzeit des Mediums überraschende Deutlichkeit gewonnen hat. Alle Menschen, alle Bewegungen waren – aufgrund der langen Belichtungszeit – aus dem Bild verschwunden, bis auf einen Mann, der vermutlich zum Zeitpunkt der Aufnahme gerade die Dienste eines Schuhputzers in Anspruch nahm und daher in seiner statuarischen Erstarrung dem Bilde sich überliefert hat – als ob er insgeheim jenen Blick vorwegnehmen wollte, den Baudelaire an einer Vorübergehenden, an der transitorischen Schönheit der Moderne enthüllt hat: »Und ich verfiel in Krampf und Siechtum an / Dies Aug' den fahlen Himmel vorm Orkan / und habe Lust zum Tode dran genossen«. Doch auch hier setzt bereits wieder die Erzählung ein, die das undurchdringliche Verhältnis zwischen Anwesenheit und Abwesenheit im Bilde in eine Geschichte, in Geschichten aufzulösen sucht.

Dabei ist, und hiervon legen gerade auch die frühen Photographien Zeugnis ab, die photographische Sichtbarkeit ein Effekt der Synchronisation verschiedener Geschwindigkeiten, der des Motivs und der der photographischen Belichtung. Was eine Photographie unserer Einsicht exponiert, beruht auf diesem erbarmungslosen Rhythmus des chronographischen Werks, der keine Öffnung in eine andere Zeit kennt.

»Treten, Schritte, Sehen: Klack, ein Photo!: Gegenwart, eingefroren« (Rolf Dieter Brinkmann) – so fungiert das Photo auch als Spur einer Anwesenheit am Ort. Einer Anwesenheit, die freilich so nicht wiedergegeben werden kann, die trotz aller möglichen Schärfe unscharf bleibt gegenüber der Erfahrung des Raums.

»Achtung, Aufnahme, Foto, innen!« (Brinkmann) – und aus dem Innen befreit sich das Bild nur durch die Einbildungskraft der Wahrnehmung, die es als ein Innehalten aufzunehmen vermag.

Zu Daguerres Zeiten jedoch war es vor allem die eine Wahrnehmungssensation, die das Publikum an seiner Daguerreotypie begeisterte und beeindruckte: die vielfältigen Details, die an seiner Aufnahme abzulesen und damit dem genauen Studium ausgeliefert waren, beispielsweise die Risse in einer Mauer, gegenständliche Strukturen oder Inschriften. An solchen Photographien entzündete sich der programmatische Appell an die Betrachter: »Nehmen Sie die Lupe!« Scharfsinnigkeit, die künstlich mit Hilfe eines optischen Instruments verbesserte Auffassungsgabe des Menschen, schien sich zu einer Voraussetzung zu entwickeln, um den Detailreichtum der Daguerreotypien ausschöpfen zu können – zur Bedingung der Möglichkeit noch eine Angemessenheit zwischen Gesichtssinn und technischem Bild in der nachträglichen Lektüre herstellen und behaupten zu können.

Dies ist aus verschiedenen Gründen bemerkenswert, vor allem aber deshalb, weil in derartigen Gebrauchweisen der Photographie ein Privileg der Wahrnehmung noch einmal befestigt schien, das in der Wirklichkeit, zumal in jener der großen Städte, endgültig in Frage gestellt war. Es ist kein Zufall, daß gleichzeitig mit der Photographie nicht nur in den verschiedensten Disziplinen die Strategien der Entzifferung und der Spurensuche geschärft wurden, sondern auch die Detektivgeschichte entstand: eine literarische Form, welche die Aufdeckung von undurchschaubar gewordenen Verhältnissen zu ihrem Thema gemacht hat. Und so wie seit E.A. Poe der personifizierte Verdacht von den Erzählern auf die Spur des »Man of the Crowd« gesetzt wurde und dabei eine neue Sichtbarkeit und Kenntlichkeit der Verhältnisse herzustellen trachtete, ebenso hat auch die Photographie sich immer wieder der Entdeckung und Entzifferung, der Aufklärung verschrieben. Auch für sie ist der Habitus der Detektion konstitutiv, die Spekulation über Zustände, die der Vergangenheit angehören, und an deren Spur die Einbildungskraft sich abarbeitet – nicht jedoch um sich der Dinge selbst zu bemächtigen, sondern um mit ihren Bildern zu leben. So steht auch am Anfang des photographischen Prozesses die produktive Störung der Ordnung – das etwas nicht geheuer ist, das freilich bleibt der Photographie erhalten. Ja, als ein Instrument der Entdeckung und Klärung hat Photographie überhaupt erst die Einsicht gefördert, daß etwas nicht geheuer sei – zum

Beispiel in den Städten. Aus diesem Grund war sie ein hervorragendes Bildungsinstrument sozialer Wahrnehmung.
Dabei wurde im Zuge ihrer photographischen Belichtung die Stadt gleichsam dazu verführt, durch das Medium Photographie immer mehr und immer neue Bilder von sich abzusondern, freizusetzen. Édouard Manet hat diesen Zusammenhang 1867 in einem Gemälde thematisiert: »L'Exposition Universelle de 1867«. Das Bild öffnet den Blick vom Butte de Chaillot auf Paris, von einem künstlich umgestalteten Hügel, dessen Park eigens angelegt wurde, um einen Ausblick auf die Stadt Paris mit den Gebäuden der Weltausstellung von 1867 zu ermöglichen. Im Vordergrund des Gemäldes genießen die Menschen diese Aussicht auf die Stadt, in der ihnen die Welt enthalten zu sein schien. In die obere rechte Ecke des Bildes hat Manet einen Ballon gesetzt, der noch einmal eine Steigerung der vom Hügel aus inszenierten Aussicht und Übersicht suggeriert. Es ist wahrscheinlich, daß Manet hierbei den Ballon des Photographen Nadar im Sinn hatte – nicht nur wegen ihrer persönlichen Bekanntschaft oder der großen Popularität des Photographen, sondern auch, weil Nadar hier als Repräsentant eines neuen Blicks auf die Stadt eingeführt worden sein könnte. Denn das Paris, das seit der Mitte des 19. Jahrhunderts durch tiefgreifende Umbau- und Modernisierungsprozesse entstanden war, und das nun die Welt empfing, dieses Paris entwarf sich selbst als »die Stadt«, als »Hauptstadt des 19. Jahrhunderts«. Diese spektakuläre Inszenierung der Urbanität, die in Paris eben Stadt und Welt ineinander aufzulösen suchte, begann ihren unablässigen Strom der Bilder zu erzeugen – Bilder, in welche die Stadt sich kleidete, durch die sie überhaupt ihre Bedeutung vorzustellen und zu propagieren vermochte. Und diese Stadt als »Spektakel«, die in Manets Gemälde sichtbar wird, fand ihren angemessenen Spiegel in dem neuen Medium Photographie, das den fortwährenden Strom der Bilder in den Zirkulationsprozeß der photographischen Simulacra übersetzt hat.
Diese Liaison zwischen Photographie und Stadt hat ihre eigene Geschichte produziert, ein Kapitel aus der Geschichte der Wahrnehmung der Moderne. Wenn wir heute die Bilanz dieser Moderne ziehen, dann wird freilich neben aller betörenden Innovationskraft erkennbar, daß die Geschichte ihrer enttäuschten Hoffnungen, der liegengebliebenen Probleme, der vergessenen Orte und verdrängten Zeiten kaum erst eröffnet worden ist. Photographie hat zu dieser noch offenen Geschichte ihren Anteil beizutragen.

Aus dem Fenster drang nun Operettenmusik. Schräg darüber hatten sich auf einem Balkon vier Männer eingefunden. Einer hantierte mit einem länglichen Gerät, die anderen sahen zu.
Angaben zur Person: Hitchcock, ein beleibter Herr vom Film; Derrida, ein Philosoph, französisch; Ginzburg, ein Historiker, Spezialität: das Verborgene; Hoffmann, ein alter, gebrechlicher Literat.
Unten auf der Straße nahm alles seinen gewohnten Lauf. Der Photograph war noch immer mit seiner Arbeit beschäftigt. Neben ihn hatte sich ein Mann – wir nennen ihn Holmes – gesetzt. Aus einem offenbar für den Sperrmüll bereitgestellten Sessel, der ihm nun unverhoffte Dienste erwies, verfolgte er neugierig das ganze Geschehen.
»Kennen wir denn alle Details, auch wenn wir eine Ansicht hundertmal studiert haben?«, machte Holmes sich bemerkbar.
Der Photograph unterbrach erneut seine Arbeit: »Bitte? Ach, es gibt auch täuschende Spuren und Trugschlüsse.«
»Wie gut, daß Sherlock endlich von seinen Spuren hier weggeführt wurde. Der alte Knabe enerviert mich immer mehr.«
Holmes prüfte noch einmal die verschiedenen Fahrpläne, die er in der Hand gehalten hatte, wählte dann einen aus dem Stapel aus und verstaute ihn in dem Arztkoffer, den er bei sich trug. Die restlichen warf er in die Kiste neben sich zurück, die mit allerlei Büchern, Zeitschriften und Papieren gefüllt war. Dann beugte er sich vor. »Ich habe vorhin ihrem Gespräch eine Weile zugehört. Das mit der genauen Beobachtung ist schon richtig, und gerade in der Photographie gibt uns die Wahrnehmung eines Bauwerks oder einer Szenerie oft zufällige Aufschlüsse, die uns mehr fesseln als das offenkundige Motiv des Bildes.«
»Die Ränder«, warf der Photograph ein. Er hatte sich in der Zwischenzeit auf einer alten Kommode niedergelassen, inmitten des ausgemusterten Hausrats.
»Aber um diese Geschichten«, fuhr Holmes fort, »um diese Geschichten, die das Leben schrieb, um diese der Aufnahme eingeschriebenen Details erfassen, nein, würdigen zu können, bedarf es doch mehr als nur des Scharfsinns. Für mich ist das eine Frage der Phantasie, der Imagination und Intuition, ebenso wie eine der Präzision.«
Der Photograph war seinen Worten zusehends aufmerksamer gefolgt. Jetzt unterbrach er: »Sehen Sie, deshalb verstehe ich das auch als einen Prozeß, der übrigens umso vielschichtiger und intensiver sein muß, je schwieriger es für uns wird, Wirklichkeit auszuhalten. Photographieren, so wie ich es versuche, heißt nicht, Wirklichkeit nur abzubilden, das Außen festzuhalten. Ich möchte in das Fremde eindringen, mich ganz in das andere hineinversetzen, es von innen her begreifen.«
Holmes nickte. »Das mache ich auch, wenn ich mir Photographien anschaue.»
»Nein, auch und gerade beim Photographieren selbst, das ist die Bedingung für spätere Aufschlüsse.«
»Das photographische Detail ist die Einbruchstelle der Phantasie, in jeder . . . Oh, Achtung!«
Ein großer Wagen war langsam nähergekommen und hielt nun direkt vor den beiden. Mehrere Männer in schwarzen Overalls – der Schriftzug »Punctum GmbH« wies sie aus – begannen damit, Kisten, Bündel, das ganze Mobiliar, das auf die Straße geräumt worden war, einzusammeln und auf den Wagen zu verladen – auch Sessel und Kommode verschwanden auf der Ladefläche.
»So ist das Leben«, bemerkte Holmes, »wir sehen sie kommen und gehen«.
»Ja, darum kümmert man sich, statt um Dinge, die wirklich wichtig wären.« Der Photograph zuckte mit den Schultern. »Vielleicht sollten wir drüben einen Kaffee trinken und unsere Unterhaltung in Ruhe fortsetzen.«
Sie nahmen beide ihre Taschen auf und traten auf die Straße.
»Blick, Klack, Entwickeln, Vergrößern – so stellt man sich Photographie vor«, nahm der Photograph das Gespräch wieder auf, »was aber dieser Blick des Photographen sein kann, was zwischen Blick und Klack passiert, darüber wird nicht viel nachgedacht. Manchmal . . .«
Währenddessen hatte die kleine Gesellschaft auf dem Balkon sich offenbar gleichfalls in lebhafte Diskussionen verwickelt. Hoffmann, der immer noch mit seinem Gerät beschäftigt war – ein zierliches, fein gearbeitetes Taschenfernrohr, wie man nun sehen konnte –, sprach heftig auf Derrida und Ginzburg ein: »Meine Herren, nun sehe ich wohl, daß auch nicht das kleinste Fünkchen von Talent in Ihnen glüht. Das erste Erfordernis fehlt Ihnen dazu, nämlich ein Auge, welches wirklich schaut. Diese Straße bietet Ihnen nichts dar als den Anblick eines scheckichten, sinnenverwirrenden Gewühls des in bedeutungsloser Tätigkeit bewegten Volkes. Hoho, mir entwickelt sich daraus die mannigfachste Szene des bürgerlichen Lebens, und mein Geist entwirft eine Skizze nach der anderen. Auf, ich will sehen, ob

ich Ihnen nicht wenigstens die Prämizien der Kunst zu schauen beibringen kann.«
Der Franzose deutete nach hinten, in das Innere des Hauses. »Und Sie werden niemals alle die Geschichten kennen, die ich mir beim Anschauen dieser Bilder habe erzählen können«, dabei huschte ein Lächeln über seine Züge. »Aber«, fuhr er fort, »jedem seine Geschichten, ich laß Ihnen die Ihre, das ist Ihr Recht auf Einsicht.«
Ginzburg hatte das ganze mit einem ärgerlichen Brummen begleitet, während die Aufmerksamkeit Hitchcocks vollständig von dem Geschehen in einer Wohnung des gegenüberliegenden Hauses in Anspruch genommen zu sein schien.
»Hier haben Sie mein Glas«, wandte sich Hoffmann an Derrida, »das Fixieren des Blicks erzeugt das deutliche Schauen. Sehen Sie die zwei Gestalten, die gerade die Straße überqueren?«
»Ja, bereits vorhin sind mir die beiden ins Auge gefallen. Sie sind dagewesen und mir ein unauflösbares Rätsel geblieben. Die Luft scheint von Gespenstern bevölkert . . .«
Hoffmann schüttelte energisch den Kopf. »Schauen Sie nur genau hin! Der eine schlägt noch einmal den Deckel seiner Tasche auf, vergewissert sich. Was denken Sie von meiner Hypothese? Es ist ein Photograph, der in verschiedenen Lehranstalten seiner Berufung nachgegangen ist oder noch geht. Durch allerlei Unternehmungen hat er sich etwas Geld erworben und einen guten Ruf. Jetzt aber will er sich als Liebhaber betätigen und seiner Passion folgen. Die Zuneigung zu diesem Ort ist für ihn die konsequente Voraussetzung dafür, aber er ist wohl auch ein routinierter Handwerker. Bemerken Sie seine Haltung, er ist auf der Suche nach sich selbst, er läßt sich gern in Gespräche verwickeln. Und seine ganze Freude ist die Szenerie, durch die er sich bewegt.«
»Von allem, was Sie da kombinieren, mein lieber Hoffmann, mag kein Wörtchen wahr sein», warf Ginzburg ein, »aber wenn ich mir den Mann anschaue, scheint mir alles so zu sein, daß ich fast daran glauben muß.«
Derrida setzte das Glas ab und reichte es Hoffmann zurück.
»Sie sind zwar berechtigt, diese Geschichte zu erzählen, aber Sie haben keinen Zugang zu den Feldern jener Geschichte dort.« Und er deutete nach unten. »Jenseits ihres optischen Instruments und seiner Perspektive zieht sich das Ganze zurück und hinterläßt auf seinem Rückzug nur Spuren in Form von Fragmenten.«
»Das wirkliche Schauen ist aber eine Fähigkeit der produktiven Einbildungskraft«, entgegnete Hoffmann.
»Sagen Sie wenigstens, wovon Sie sprechen, von welchen Bildern! Ich rede von Photographie. Und dort geht die Referenz ganz andere Wege, der Referent bleibt haften. Das, was wir zu sehen begehren, ist photographisch zur Unbeweglichkeit verurteilt wie der Tod. Das Sujet der Photographie versagt sich gerade unserer Einbildungskraft. Deshalb begeben wir uns auf die Suche. Und davon wäre zu erzählen.«
»Das kann ich nicht sehen«, wehrte Hoffmann ab und gebot dem schon unruhig gewordenen Hitchcock: »Das ist hier kein Fenster zum Hof, und wenn Sie nicht aufpassen, dann fallen Sie mitsamt ihrem Gipsbein auf die Straße.«
»Aber sehen Sie doch, was der andere treibt!« – entgegnete dieser und deutete auf Holmes, der nun gleichfalls seine Tasche geöffnet hatte. »Da stimmt etwas nicht!«
»Gut, wir wollen sehen«, meinte Hoffmann und zückte das Glas. Noch nie hatte er über ein Gerät verfügt, das ihm die Gegenstände so rein, deutlich und scharf vor Augen führte. Unwillkürlich warf er einen Blick in Holmes Tasche. »Er hat Bilder in seinem Behältnis, längliche Doppelbildchen, und sucht offenbar etwas. Das Gespräch scheint sich einem bestimmten Thema zu nähern, wozu der Gute vielleicht etwas parat hat.«
»Einen McGuffin«, mischte sich Hitchcock wieder ein.
»Quatsch«, meldete sich auch Derrida zu Wort, »nie irgendein Überblick, nur auseinandergerissene Stücke, frei flottierende Wechsel, manchmal gebündelte und manchmal verschwimmende Radiographien.« Er erhob drohend seine Stimme, »Wiederkehr der Referenten, da wird ihr merkwürdiges, anmaßendes Studium vom Zug dieser Photographien durchkreuzt werden.«
Und Hitchcock klagte im Hintergrund vor sich hin: »Vertigo, immer wieder aus dem Reich der Toten.«
Nur Hoffmann gab sich unterdessen unbeirrt seinen Beobachtungen hin. Als er immer schärfer und schärfer durch das Glas sah, schien es, als ginge ihm eine kleine Welt auf:
»Eine Pyramide, jetzt der Rhein, die Alpen«, wie gebannt hing sein Blick an dem, was sich ihm dort offenbarte. »Halt! Jetzt nimmt er eine dunkle, matt glänzende Schatulle zur Hand, holt sie heraus und öffnet sie – nein!«
Hoffmann riß das Fernglas herunter und faßte sich mit seiner freien Hand ins Gesicht, während die andere, durch das Fernglas seltsam verlängert, in die Tiefe stieß. »Meine Augen, dort!«
Derrida: »Eben!«
Währenddessen hatten der Photograph und Holmes die Straße vollends überquert, gerade noch bevor sie der auf einem Spähwagen vorbeidröhnende Virilio erfassen konnte, und traten, den allgemeinen Tumult hinter sich lassend, in das Café »The Poets Breakfast-Table« ein.

Talbot hat anläßlich der »Ansichten der Boulevards zu Paris« die Wahrnehmungskonstellation des Fensterblicks für das neue Medium erprobt. Bild und Text spielen mit der Verdoppelung einer Innen-Außen-Perspektive; sie exponieren geradezu die unauflösliche Differenz zwischen dem Gesichtssinn und seinem Schauplatz, Talbots Blick aus dem Hotelzimmer auf die Straße einerseits, und dem Lokal der photographischen Aufzeichnung und dessen Perspektive andererseits. Fast könnten wir dies als ein Sinnenbild der Entwicklungsgeschichte der Photographie entziffern, zumindest jedoch allgemeiner als eine Fortführung der neuzeitlichen Wahrnehmungsgeschichte. Denn das Bild als »finestra aperta«, als ein auf die Wirklichkeit sich öffnendes Fenster, war die Zone ästhetischer Materialisierung der perspektivischen Welt-Anschauung gewesen – und die Photographie hat die Erbschaft zumindest des Wirklichkeitsanspruchs dieser im 15. Jahrhundert gebildeten Perspektivität angetreten, eines Bild-Modells, das sich selbst als Bild aufhebt.
Dabei ist es merkwürdig, daß eben dieses neuartige photographische Bild, indem es die Mimesis an die gegenständliche Welt bis zur »Selbstaufzeichnung der Natur« entwickelte, dieses offene Fenster zugleich erbarmungsloser als jede andere, frühere Bildform in die Folie des Anblicks verschlossen hat. Durch die im Bild niedergelegte Fülle scharf verzeichneter Details, die »da« gewesen sind, obschon sie nie »hier« sind, muß die Wahrnehmung »jetzt« ihre Wege suchen: Sie muß die synchrone Gestalt der photographischen Schärfe in den diachronen Prozeß der Wahrnehmung transformieren. Das photographische Bild ist gerade kein geöffnetes Fenster, darauf beruht das Privileg unserer Wahrnehmung vor dem Bild und die Vergeblichkeit aller Anstrengungen, ihm nahe zu treten, in seine Oberflächlichkeit einzudringen. Was die Photographie jedoch auszeichnet, ist, daß auch sie unsere Wahrnehmung entzünden kann, daß sie das ihr eigentümliche Wechselspiel zwischen der technologischen Einbil-

dungskraft des Mediums und der Einbildungskraft des Menschen ins Werk setzt, jenes von Roland Barthes beschriebene Oszillieren zwischen »Studium« und »Punctum«, zwischen der deutlichen Botschaft und ihrer ordnungsgemäßen Lektüre einerseits und dem verstörenden Detail, dem Tod, andererseits. Bilder können uns die Augen öffnen – und mancher Anblick läßt sich nur bei geschlossenen Augen ertragen. Einen derartigen Schmerz vermitteln uns Bilder freilich immer seltener, ohne daß andere Aufschlüsse an ihre Stelle getreten wären.

Nun hat sich auch sonst manches geändert. Talbot hat seine Aufnahmen des Boulevards vom Hotel aus gemacht, und wir könnten jetzt darüber spekulieren, wie es ihm ergangen wäre, wenn er sich mit seinen Gerätschaften direkt auf die Straße begeben hätte. Aus den folgenden Jahrzehnten sind ausreichend Anekdoten überliefert, so daß man sich eine ungefähre Vorstellung machen kann. Sicher ist jedenfalls, daß in den ersten Jahren des Mediums der Photograph einer sich verändernden Situation weitgehend unbeweglich gegenüberstand, was zumindest in größeren Städten seine Arbeit erschwert haben mag. Erst mit vereinfachten, schnelleren Verfahren und kleineren Kameras, mit der »Momentphotographie« schließlich, eröffneten sich die Möglichkeiten des spontanen Reagierens, der überraschenden Aufnahme. Unter derart gewandelten technischen Voraussetzungen konnte die Kamera nun als »Geschoß« genutzt werden, gewann der Photograph bei seinen Streifzügen eine extreme Mobilität. Er entwickelte sich zum Kundschafter im Real-Imaginären, in einer urbanen Wahrnehmungssituation, die durch das Zusammenspiel von Medialität und Urbanität hervorgetrieben wurde, und die auch die Ferne und Fremde sofort als Objekt der Sehnsucht mit erfaßte. Die archäologische Intention, so wie sie beispielsweise Atget kultiviert hat, und das emphatische Bündnis mit der Dynamik der Moderne sind zwei miteinander verwandte photographische Einstellungen auf unsere Epoche – so sehr sie sich auch auf ihre Gegensätzlichkeit berufen mögen.

1913 beschrieb Ludwig Meidner in seiner *Anleitung zum Malen von Großstadtbildern* diese neue »Heimat Großstadt«: »Eine Straße besteht nicht nur aus Tonwerten, sondern ist ein Bombardement von zischenden Fensterreihen, sausenden Lichtkegeln zwischen Fuhrwerken aller Art und tausend hüpfenden Kugeln, Menschenfetzen, Reklameschildern und dröhnenden gestaltlosen Farbmassen.« In dieser tumultuarischen Stadt-Welt ist das Licht die aggressivste Kraft, es ist gleichsam die Avantgarde der auf die Wahrnehmung eindringenden Attacken. Im neuen Medium Film sind diese Lichtfetzen mit dem Verschlußmechanismus kurzgeschlossen worden – die propagierte photographische Motilität scheint dem nur nachzuarbeiten, auch wenn nun gleichzeitig die Ästhetik einer modernen Photographie entworfen wird. Die Schwierigkeiten jedoch zeigen sich im Alltagsgeschäft, beispielsweise in der Reportage, in jenem, sich nun verbreitenden »kurzen Begriff der Welt« (Dolf Sternberger). Es ist eine durch Verknappung geordnete Sichtbarkeit, welche die Kamera uns übermittelt. Auch ist die neue Mobilität der photographischen Wahrnehmung, ebenso wie die technische Verkürzung des Aufzeichnungsvorgangs auf den reflektorischen Knopfdruck, charakteristisch für eine Epoche, welche die Überwindung der Entfernungen, die »Fabrikation von Geschwindigkeit« (Paul Virilio) und die Auflösung »beharrlicher« Erfahrungszusammenhänge in eine zunehmend beschleunigte Abfolge von vorbeihuschenden Bildern und Eindrücken zum Modell sozialer Kommunikation erhoben hat. Dauer und Einsicht im emphatischen Sinne entziehen sich dieser radikalen Mobilität und Motilität. Gerade weil Photographie jedoch ihr Sujet in jenen merkwürdigen Stillstand versetzt, vermag sie uns vielleicht auch eine Ekstase zu vermitteln, deren erhellende Kraft wir so dringend benötigen. Dann beginnt sich das Bild plötzlich doch zu öffnen, was, wie wir ja leider wissen, nicht sein kann.

»Das bedarf der Erklärung«, verkündete Holmes, während er die Tür öffnete. Der Photograph warf noch einen Blick auf die Straße und folgte ihm dann in den von Rauch und Stimmen erfüllten Raum. Er sah sich um – Decke, Wände, Fenster, Gesichter, Fußboden –, musterte kurz seinen eigenen Körper und begegnete dann Holmes' Augen.

»Wir gehen am besten dort ans Fenster.«

Sie nahmen Platz. Am Nachbartisch deklamierte einer: »824: Der Frauen Liebe und Leben.«

»Es ist laut hier«, klagte Holmes, kaum daß er der Bedienung gewinkt hatte.

»Egal«, beschwichtigte ihn der Photograph, »das Unglück ist immer, wenn man sich gegen die Wirklichkeit wehrt. Lassen Sie uns noch einmal an unser Thema anknüpfen. Sie haben von den Geschichten, die das Leben schreibt, gesprochen. Während ich die Sprache als Ausdrucksmittel von Definitionen bestimmbaren Inhalts betrachte, sehe ich in der Photographie ein Ausdrucksmittel für Empfindungen . . .«

»Was wünschen Sie?«, fragte die Kellnerin.

»Einen Kaffee bitte und . . .«

»Für mich zunächst ein Wasser, dann sehen wir weiter.«

»Also«, begann der Photograph erneut, »meine künstlerische Absicht geht nun dahin, im Bildermachen die Mittel und Methoden der Sprache als Instrument auszuprobieren und auf diese Art die Wirklichkeit ›zum Sprechen zu bringen‹. Ich will aus dem Tatsachenmaterial nicht etwas Neues produzieren oder erfinden, denn die Tatsachen als solche sind mir viel zu wichtig. Ich strebe danach, den Tatsachen, der Wirklichkeit also, welcher sprachlich nur in unzulänglicher Weise beizukommen ist, die sich weder statistisch noch dichterisch erschließen läßt, durch das unendlich reiche optische Vokabular verständlichen Ausdruck zu geben.«

»Ja«, antwortete Holmes, »so ähnlich habe ich mir das mit dem im photographischen Detail niedergelegten Reichtum des Wirklichen gedacht. Dabei ist das alles eine Frage der Entzifferung. Das Negativ unserer Gedanken und Taten muß entziffert werden. Aber«, und er nippte an der Tasse, die man gerade vor ihn auf den Tisch gestellt hatte, »da liegt nichts so einfach offen. Da geht es um Lücken, Risse und um den Sprung unseres Verstehens. Und der muß die Geläufigkeit durchbrechen, das was kulturell vorgeprägt ist.«

»Was tun?«, rief einer von nebenan.

»Besinnung tut not«, wurde ihm erwidert, »Wahrheit ist Arbeit. Arbeit ist Handwerk. Handwerk ist Lehre. Lehre ist Moral. Moral ist Zukunft. Das eine erschließt sich aus dem anderen.«

»Auf die Zukunft!«, die Herren stießen an.

Holmes hatte diesen Dialog mit einem leichten Kopfschütteln verfolgt.

»Die Zwischenräume sind mir wichtig«, machte sich der Photograph bemerkbar, »dazu fällt mir etwas ein. Ich lese gern Landkarten. Einmal bin ich nach Spanien gereist. Damals gab es ja sehr wenig Informationen. Ich hatte kein einziges Buch über Spanien. Aber im Bett habe ich die Landkarten gelesen, bin mit dem Finger einfach so die Straßen entlanggefahren.« Wie, um sich noch einmal dieses Gefühl, eine Route zu ertasten, in Erinnerung zu rufen, hatte er damit begonnen, die Finger entlang der Musterung der Platte über den Tisch wandern zu lassen. Manchmal zogen sie dabei eine kurze feuchte Spur, die von

den Überresten früherer Gäste ihren Ausgang nahm, zuweilen verharrten sie an einer unerwartet tiefen Kerbe und ließen sich von ihr weiterleiten. »Das erste Mal war ich nur vier Wochen da, und es waren kleine Orte, in die ich gefahren bin. Ich hab dann ein paarmal in den Jahren danach untersucht, ob das nur Zufälligkeiten waren oder ob ich da mehr als diese Zufälligkeiten organisiert habe.« Seine Finger begannen nun, die Zwischenräume in dem mittlerweile auf dem Tisch entstandenen Liniengeflecht aufzusuchen und sich der Empfindung bestimmter Partien zu überlassen. »Nun, es waren richtige Gefühle für richtige Orte. Ich habe nach dem Klang der Namen entschieden und bin dahin gefahren wie ein Wünschelrutengänger, und in den drei Orten habe ich eigentlich die besten Bilder gemacht. Später dann habe ich immer wieder die Lücken zwischen diesen Orten abgesucht, ich bin nach Gefühl gefahren. Damals funktionierte das noch.«
»Zu meiner Zeit auch«, nahm Holmes den Faden auf, »ich habe das einmal am Beispiel eines Steins erläutert, dessen Sedimentierungen wie ein Reservoir der Erinnerung wirkten. All das muß entschlüsselt werden, wir reisen in den Konfigurationen der Welt . . . und damit sind wir übrigens wieder bei der Sprache.«
»Bunte Steine«, schallte es herüber.
Holmes hatte innegehalten und damit begonnen, ein gerahmtes Blatt zu studieren, das an der Wand hing. »Sehen Sie mal, Karten, Bilder, Texte. Was hält sie zusammen?« Er reckte sich, um alles besser erkennen zu können.
»Der Weg durch eine Stadt. Könnte vielleicht sogar Brinkmann sein, ich meine aus *Rom, Blicke*.«
»Interessant«, bestätigte der Photograph. »Aber ich weiß nicht so recht. Ich glaube, mir geht es doch um etwas anderes. Im Grunde hängt doch alles davon ab, wo man seinen Ausgangspunkt wählt. Und hier ist Photographie für mich mehr als nur Material. Sie erlaubt uns, etwas mitzuteilen in einer neuen, eigenen Sprache, in der die Realität selbst der Wortschatz ist, mit einer unendlichen Menge von Buchstaben, Vokabeln und einer gut organisierten Grammatik.« Er wischte mit der Hand über den Tisch und erklärte dann: »Damit freilich könnte man auch schon über unseren Umgang mit diesen unerschöpflichen Möglichkeiten zu streiten beginnen.«
»Mir kommt es so vor«, fügte Holmes hinzu, »als wären wir wie Zirkusreiter, die im unentwegten Zug der Eindrücke und Gedanken von einem zum anderen springen, sorgsam darauf bedacht, nicht abzustürzen. Und was ist der Sattel eines Gedankens? – Das Wort.«
Am Nachbartisch setzte erneut Unruhe ein. »Genau, da haben wir aber ein Wörtchen mitzureden!« Nun hatte die illustre Gesellschaft ihren lang erwarteten Einsatz gefunden.
»Wie mein Freund Emile gezeigt hat«, begann einer der Wortführer und verneigte sich zu seinem Gegenüber, »ist alles zunächst eine Frage des aufmerksamen Studiums. Es gibt Gesetze, eine Grammatik, nach der die Wirklichkeit strukturiert ist. Nicht wahr?«
»Wenn wir unserer Arbeit den Glanz der Wahrheit verleihen wollen, dann besagt dies zunächst nichts anderes als die Aufgabe, angewandte Soziologie zu betreiben.«
»Spiegel oder Fenster, das ist die Frage!« Schon war die Diskussion entbrannt.
Mit einer resoluten Handbewegung gebot ein extravagant gekleideter Mann Ruhe, dann hob er an: »Les fenêtres . . . Du rouge au vert tout le jaune se meurt Paris Vancouver Hyères Maintenon New-York et les Antilles La fenêtre s'ouvre comme une orange Le beau«, er hielt kurz inne, um die letzten Worte auszukosten, »fruit de la lumière«.
»Meine Freunde«, meldete sich sofort sein Nachbar zu Wort, »für mich stellt sich immer mehr die Frage, wie können wir noch beschreiben?«
»Durch minutiöse Schilderung, oder möchte etwa jemand hier etwas anderes behaupten. Über einen Fleck, den ein Insekt an der Wand hinterlassen hat, oder über das Interieur eines Hauses läßt sich so viel schreiben, aus derartigen Elementen und ihrer immer wieder leicht verschobenen Registratur lassen sich ganze Erzählungen bauen.«
Dies schien einigen nun doch zu weit zu gehen, schließlich wollte man mehr als nur ein Beobachter sein.
»Langsam, bitte erregen Sie sich doch nicht, meine Frage war durchaus ernst gemeint. Wie können wir heute noch beschreiben? Oder wie entsteht der Raum eines Romans, und wie fügt sich diese Fiktion in den Raum ein, in dem wir uns gerade befinden? Und wenn wir in unseren Texten etwas beschreiben, gibt es dann überhaupt dieses klare Verhältnis zwischen einem Wahrnehmungssubjekt und seinen Gegenständen? Oder ist nicht vielmehr all das miteinander verbunden, verbindet sich zu jener großen Reise, die jede Lektüre unternimmt? Das sind die Fragen, die mich beschäftigen.«
»Das stimmt Michel«, nahm ein zierlicher älterer Mann die Herausforderung an, die nun in den Raum gestellt war. »Ich bin vor vielen Jahren einmal nach Polen gereist, mit dem Zug. Und da ist mir etwas Merkwürdiges widerfahren. Es war Nacht. Ich sah aus dem Fenster. Über die Felder draußen huschte die breite Lichtmasse meines Zuges. Die Querlinie der Fensterstange rann darüber wie ein Finger, der die Felder berührt. Und als ich mich erhob, tauchte ein ungeheurer Schatten draußen auf, mit Kopf und Mütze. Das war ich. Noch einmal. Ich im Zug und ich draußen. Ich erkannte mich. Ich geriet in eine seltsam frohe Stimmung. Alles schien sich zu durchdringen, ich mich in eine von Licht und Energie erfüllte Welt aufzuheben. Das war ein ungeheurer Augenblick.«
»Ja, so habe ich meine Fragen auch gemeint. Was ist dieses ›Sich-erkennen‹? Manchmal gibt es ja ein Licht, durch das der Zweifel uns und unsere Welt ergreift, eine Unbestimmtheit, in der die Gegenstände genauso auf dich schauen wie du auf sie. Dies müssen wir erreichen. Und was helfen uns dabei die Wörter und Sätze, die wir bilden?«
»Salz in die Augen«, platzte der jüngste in der Gruppe heraus, »dann beginnen wir zu sehen. Und das läßt sich erschreiben.«
»Wo bleibt bloß Erlberger?«, beschwerte sich einer aus der Runde. »Er könnte uns jetzt sicher weiterhelfen.«
»Mag sein«, gestand Holmes zu, »aber ich möchte doch noch etwas zu unseren Überlegungen, die sie unterbrochen haben, hinzufügen.« Er blickte verstimmt zur Seite, wo die Gruppe nun damit beschäftigt war, kleine Törtchen zu zerbröseln und sie sich prüfend unter die Nase zu halten. »Sie sehen das alles aus ihrer Perspektive, aber so kommen wir hier nicht weiter. Ich frage ganz anders: Wie ist das denn mit der Zirkulation der Bilder, mit diesem äußerst feinen Schlüssel zu den Konfigurationen der Welt? Ich sehe das ganz im Sinne der antiken Philosophie, Höhle und Simulacra. Wie können wir denn damit und auch mit unseren Erfahrungen umgehen?«
Für einen Moment schwiegen beide, dann begann der Photograph: »Ich möchte nicht, obwohl ich das natürlich hin und wieder tue, ich möchte nicht mein Bild der Welt durch Bilder der Welt bekommen, sondern möglichst von der Welt selbst. Nur, daran sind schon einige andere Leute gescheitert. Dokumentarphotographen sind beim Psychiater gelandet. Das hat schon einen Grund, daß die Leute in der Höhle nur die Schatten sehen. Denn das andere können sie ja nicht aushalten. Das Wirkliche ist nicht so einfach auszuhalten, wenn sich allmählich so die letzten Sachen entblättern, das ist gnadenlos.«
»Blättern«, »Babel«, »Bubble«, schallte es von nebenan.
»In meinem Lehnstuhl kann ich das sehr wohl. Aber, Holmes beugte sich vor, »ich glaube, daß die Photographie uns die Welt erschließt.«

»Ja, ich schätze Photographien, die die Wirklichkeit transparent machen. Aber dieser ganze Bilderberg«, warf der Photograph ein.
»Gut, das ist aber eine Frage der Organisation, meine ich. Warten Sie, ich will noch einen Schritt zurück. Was ist denn die Grundlage dieser photographischen Erkenntnisse, dieser Intimität mit den Bildern, von denen wir beide gesprochen haben? Ich glaube, daß das sehr viel mit einem Gedanken der Antike zu tun hat, der inzwischen ja von unseren Wissenschaften auf ganz andere Grundlagen gestellt worden ist: die Sache mit den Atomen und was Epikur beispielsweise über die Häutchen der Wahrnehmung gesagt hat.« Holmes schien nun in seinem Element.
»Diese Häutchen strömen uns von den Gegenständen unserer Wahrnehmung zu und sind die Grundlage aller gesicherten Wahrnehmungstätigkeit – und Photographie ist nichts anderes als dieser dauerhaft festgehaltene Wahrnehmungseindruck.« Holmes griff nach seiner Tasche, kramte eine kleine schwarze Schatulle hervor und stellte sie mitten auf den Tisch. »Das ist ein fortwährender Prozeß, und Photographie hält ihn fest, stellt ihn still, verschließt ihn in ein Bild und macht in dadurch für uns verfügbar.« Er kratzte sich an den Armen. »Ja, wir sondern ab, wir häuten uns«, sprach er und griff nach der Schatulle. »Sender und Empfänger, das ist das Prinzip.«
In der Tür stand Erlberger.

»Um lebendige Reproduktionen erzeugen zu können, brauche ich lebendige Sender. Ich selbst erzeuge kein Leben.
Soll etwa nicht Leben genannt werden, was in einer Schallplatte schlummern kann, was erklingt, wenn der Grammophonapparat in Tätigkeit tritt, wenn ich an einem Schalter drehe? Soll ich betonen, daß jedes einzelne Leben gleich den chinesischen Mandarinen von Knöpfen abhängig ist, auf die unbekannte Wesen drücken? (. . .) Fällt Ihnen nicht eine Parallele auf zwischen dem Schicksal der Menschen und dem der Bilder? Die Hypothese, daß die Bilder eine Seele haben, scheint sich anhand der Wirkungen zu bestätigen, die mein Apparat auf Personen, Tiere und Pflanzen, die als Sender fungieren, ausübt. (. . .)
Überdies scheint aus der Hypothese, daß die Bilder beseelt sind, mit Notwendigkeit zu folgen, daß die Sender ihre Seele verlieren, wenn sie von den Apparaten aufgenommen werden.« (Adolfo Bioy Casares)

Holmes und der Photograph beugten sich über den Tisch. »Mein Ideal wäre«, eröffnete der Photograph, »so ein drittes Auge zu besitzen wie ein Werkzeug, das ich aus meiner Stirn nehme, verkabelt, wie das Gehirn verkabelt ist, also 30, 32 Millionen Zellen, und jede Zelle hat 10.000 Kabel zu einer anderen Zelle, also dieses Auge, das so verkabelt ist, aus meiner Stirn zu ziehen und einfach neben mich zu halten und mit unendlicher Tiefenschärfe und Riesenpräzision etwas zu formulieren oder festzuhalten oder deutlich zu machen, was mich interessiert.«
Holmes fuhr mit der Hand über den Tisch, bis sie an dem Kästchen in der Mitte haltmachte. »Spiegel des Bewußtseins, Spiegel mit Gedächtnis«, stieß er hervor, »überall Materie und Bewegung, nirgendwo Leere und Stillstand. Der Mob der Elementarkräfte ist so laut und turbulent wie immer, aber die mächtige Armee der Zivilisation macht ihren guten Job.« Er klopfte an das Kästchen: »Ein Instrument, das die Oberflächen befestigt.«
»Es ist schon unglaublich«, fiel der Photograph ein, »die Biologie sagt uns, daß in jeder Sekunde 480.000 Sehdaten unser Auge durchströmen und durch das Fenster der Seele gehen. Und Photographieren ist ein Prozeß, bei dem im Bruchteil einer Sekunde kleinste, vielfältigste Details exakt erkannt und mit präziser Phantasie geordnet und gestaltet werden. Alles muß dabei zusammenwirken. Es ist eine unfaßbare Leistung, zu der unser Augensinn befähigt ist, und Photographie muß darauf aufbauen.« Holmes spielte gedankenverloren am Verschluß: »Schöne Augen.«
»Kluge Dinge«, rief Erlberger ihnen zu und klopfte einem Wiener auf die Schulter.
»Die Lösung der Weltprobleme«, setzte dieser an, »die natürliche Umwelt ersetzen! Etwas muß als Sender und Empfänger lebenswichtiger Nachrichten die ganze Kommunikation in eigener Regie übernehmen.«
»Achtung, Auftritt des Bio-Adapters«.
Aber der Wiener blieb unbeeindruckt: »Der Mensch bedarf des Adapters, weil er im Zuge seiner Geschichte, welche eben im Adapter abhanden kommt, durch Hervorbildung seines Bewußtseins in einen Gegensatz zu seiner immer verbaler apperzipierten Umwelt gerät. Der Adapter nun legt sich, von außen betrachtet, zwischen den ungenügenden Kosmos und den unbefriedigten Menschen.«
»Und der Leib?«, empörte sich ein Herr. »Das ist ein Frevel am Gesichtspunkt aller Gesichtspunkte!«
»Ja«, setzte der Photograph wieder ein, »die wichtigste Operation ist keine photographische, sondern eine reale. Der Photograph öffnet sich auf emphatische Weise dem Realen. Mit seinem Körper und vielleicht auch mit seinem Verstand verbindet er sich mit seinem Gegenstand – und der Gegenstand verbindet sich mit ihm. Ich sage allen Ernstes, daß die Dinge, die er sieht, ihn ebenso sehen, wie er sie sieht.«
»Der Augenaufschlag des Wirklichen«, zustimmendes Gemurmel setzte ein, »Ausfall des Körpers«, »Exzess«.
»Moment«, beharrte der Photograph, »im Grunde geht es um Inhalte oder, wenn sie wollen, um die Qualität der Photographie, des Photographen, eine Sache zu finden, die das Abbilden lohnt, darum, diese Sache festzuhalten im Wortsinne, in sie einzudringen, sich mir ihr symbiotisch oder identisch zu fühlen, um dann aus der Distanz heraus wieder ein genaues Bild dieser Sache zu machen. Man kann sich ja wie ein Bazillus in der Wirklichkeit ausbreiten, da entfaltet sich eine richtige Explosion, orgiastisch, aber es gehört mehr dazu.«
»Vielleicht, aber zunächst ist es doch einmal so, daß jeder denkbare natürliche und künstliche Gegenstand für uns seine Oberfläche abschält. Und die Menschen machen darauf Jagd, so wie man auch Tiere jagt, um ihre Haut zu gewinnen, und den Kadaver als wertlosen Rest liegen läßt.«
Während der letzten Worte war das Gesicht des Photographen immer ernster geworden. »Nein, eben nicht diese fatale Verwertung, dieses Ausbeuten, beliebig und überall. Auch ich habe gesucht, bis ich Dinge gefunden hatte, die ich als Trophäe nehmen konnte. Ich bin immer auf der Jagd gewesen, bis ich mir selber auf die Nerven ging.«
Hinten hatte jemand zu singen begonnen: »Oh Susanna . . .«, mit »Immer wieder Sonntag« wurde aus einer anderen Ecke geantwortet.
»Hier ist es ja schlimmer als draußen«, beschwerte sich jetzt auch der Photograph und hob die Stimme. »Also, früher, da hatte ich so ein Koordinatensystem angelegt. Ich stand stundenlang vor einem Bahnhof und hab' Menschen gefressen, leidenschaftlich, die Bilder, die Bewegungen, die Gesichter, das Gegeneinander, alles, ihr Schicksal. Ich habe mir überhaupt keine Vorstellung davon gemacht, was ich da alles in mich hineinfresse, die Mengen von Daten. Heute leide ich manchmal unter diesem Speicher.«
»Bio-Adapter«, meldete sich der Wiener.

»Heute wäre ich das gerne los. Ich weiß, es muß um etwas anderes gehen, darum, das Medium wie ein Floß zu benutzen, sich von dem Besitzen-Wollen zu lösen.«
Nun mischte sich Erlberger ein: »So geht das nicht! Das Medium ist ein Floß. Dann sind da die Häutchen. Und auch noch Wirklichkeit . . .« Er schlug mit der Hand auf den Tisch.
»Wer sind Sie denn?«, fragte der Photograph.
»Gestatten, Erlberger. Sie kennen mich nicht?«
Er steckte sich eine dicke Zigarre an, lehnte sich zurück und holte dann aus: »Erstens, die Oberfläche ist alles geworden. Sehen Sie sich doch mal die heutigen Gegenstände an. Da ist die Gegenständlichkeit doch am Verschwinden. Die Oberfläche, das ist beispielsweise der Bildschirm. Und da kann alles erscheinen – ohne Tiefe. Also, was uns von der Gegenständlichkeit geblieben ist, sind diese Oberflächen, Daten-Netze oder Häute meinetwegen. Und das Medium als Floß, das schwimmt eben oben, ist – zweitens – genau diese Oberflächlichkeit. Und das ist wundervoll. Stellen Sie sich doch nur vor, Sie hätten auf ihrem Tisch einen Bildschirm und könnten mit einem Restaurant in Paris oder New York kommunizieren. Dann bräuchten Sie sich um uns nicht mehr zu kümmern.«
»Das wäre von Vorteil«, brummelte Holmes und schaute melancholisch auf sein Kästchen. »Ob ich das gegen einen Bildschirm tauschen wollte?«
Er schüttelte den Kopf und stieß den Photographen an. »Lassen Sie sich doch nicht irre machen. Das Wundervolle an der Photographie ist, daß der Vorrat der Häutchen und Bilder unerschöpflich ist. Ich habe einmal zwar gesagt, daß man das Photographierte dann auch zerstören könnte, danach, aber im Grunde ist diese Unerschöpflichkeit doch das ganze Wunder.«
»Unser Programm ist auch unendlich, und abreißen müssen wir gar nicht erst«, insistierte Erlberger.
Mit einer Bewegung schien der Photograph die ganze Diskussion beenden zu wollen. »Für mich kommt es auf den bewußten Umgang an, mit dem Medium, mit der Welt, und das heißt immer Interaktion.« Er erhob die Hand, um seinen Worten Nachdruck zu verleihen.
»Die Kunst besteht darin, etwas auf seinen anschaulichen Begriff zu bringen, im Bild. Und wenn man da nicht der Wirklichkeit auch ein Stück voraus ist, in jeder Hinsicht nicht nur zu reproduzieren, sondern auch zu agieren vermag, dann kann es einem passieren, daß hinter diesem ganzen Berg von produzierten Bildern plötzlich die gaukelnde Kraft selbst hervortritt, man Schiffbruch erleidet am Widerstand der Wirklichkeit.«
»C.O.D.E.«, buchstabierte Erlberger vor sich hin und der Wiener seufzte, »Bio-Adapter!«
Dann begann auch diese Tischrunde ein Lied anzustimmen:
»Da da da . . .«

Es gab ihn wirklich, diesen Holmes – nicht Sherlock freilich, sondern Oliver Wendell Holmes genannt, ein Mediziner und vielseitiger Schriftsteller aus dem amerikanischen Boston, vor allem aber ein überzeugter Propagandist der Photographie. In der Mitte des 19 Jahrhunderts hatte Holmes sich daran gewagt, die Debatten um die Photographie in ein weitgestrecktes Wahrnehmungsprogramm umzumünzen, gestützt auf die epikureische Philosophie der Antike. Im Mittelpunkt standen dabei die Hoffnungen auf ein vom technischen Fortschritt eröffnetes Aufklärungsprojekt: die Erklärung der Rechtsansprüche der photographischen Oberfläche. Derart unverdrossene Aufklärung, wie Holmes sie verstand, scheint mit dem überlieferten Wahrheitsproblem der Erkenntnis aufzuräumen – durch die Photographie.
»Die Form ist in Zukunft von der Materie getrennt«, schrieb Holmes 1859. »In der Tat ist die Materie in sichtbaren Gegenständen nicht mehr von großem Nutzen, ausgenommen sie dient als Vorlage, nach der die Form gebildet wird. Man gebe uns ein paar Negative eines sehenswerten Gegenstandes, aus verschiedenen Perspektiven aufgenommen – mehr brauchen wir nicht. Man reiße dann das Objekt ab oder zünde es an, wenn man will. (. . .) Materie in großen Mengen ist immer immobil und kostspielig; Form ist billig und transportabel. Wir haben die Frucht der Schöpfung erhalten und brauchen uns nicht um den Kern zu kümmern.«
Dieser Prospekt einer künftigen »Medialität« ist gleichsam der Prüfstein photographischer Aufklärung. Wobei im technologischen Vergesellschaftungsimpuls der Form auch eine Brechung des Gewaltzusammenhangs erkennbar wird, in dem die photographische Licht-Häutung der Erscheinungswelt die Widerständigkeit des Besonderen auszutreiben droht. Holmes jedenfalls setzt auf die Chancen eines Nachtrags der Bedeutsamkeit, er sucht eine neue Kunst der Entzifferung zu begründen, mit deren Hilfe die photographische Spur ihre ›oberflächliche‹ Wahrheit preizugeben vermag. So dient die Photographie ihm als ein Modell für die künftige Entwicklung unserer Zivilisation, an ihr wird die Transformation des Realen in ein System zirkulierender Zeichen und Bilder für ihn diagnostizierbar. Und so fordert er schließlich, es müsse »ein leistungsfähiges Austauschsystem« eingerichtet werden, das zur Folge hat, daß so etwas wie ein »allgemeiner Umlauf dieser Banknoten oder Wechsel auf die feste Materie entsteht, welche die Sonne für die große Bank der Natur gedruckt hat«.
Die »Lichtgeschwindigkeit« medialer Kommunikation, wie sie heute ihre Konturen gewinnt, scheint jedoch im Austausch der codierten »Formen« den von Holmes erhofften »Denkraum« (Aby Warburg) endgültig zu zerstören. Paul Valéry hat 1928 mit charakteristisch anderen Akzenten diese »Eroberung der Allgegenwärtigkeit« befragt: »Man wird das Gefüge der Empfindungen – genauer: das Gefüge der Reize – überallhin zu befördern oder an jedem Orte neu zu erzeugen verstehen, das irgendwo ein Gegenstand oder irgendein Geschehnis ausstrahlt. Die Werke werden zu einer Art von Allgegenwärtigkeit gelangen. Auf unseren Anruf hin werden sie überall und zu jeder Zeit gehorsam gegenwärtig sein oder sich neu herstellen. Sie werden nicht mehr nur in sich selber da sein – sie alle werden dort sein, wo ein Jemand ist und ein geeignetes Gerät. (. . .) Wie wir gewohnt (. . .) sind, ins Haus die Energie in verschiedenster Gestalt geliefert zu erhalten, so werden wir es ganz natürlich finden, dort jene sehr geschwinden Wechselbilder oder auch Schwingungen zu bekommen oder in Empfang zu nehmen, aus denen unsere Sinnesorgane, die sie aufnehmen und zu Einheiten zusammenfassen, alles machen, was wir wissen. Ich weiß nicht, ob je ein Philosoph in seinen Träumen sich eine ›Gesellschaft Zur Lieferung Sinnlich Erfahrbarer Wirklichkeit Frei Haus‹ ausgedacht hat.«
Ein derart vergesellschaftetes Gefüge der Empfindungen scheint mittlerweile von den neuen Technologien hergestellt zu werden. Angesichts dessen stellt sich auch die Frage nach den Möglichkeiten einer erhellenden Wahrnehmung im digitalen Oszillieren der Bildschirme.
Holmes hatte den Einwand des »Philosophen« gegen die Unwirklichkeit der Bilder zurückgewiesen – mit gutem Grund, konnte er sich doch darauf berufen, daß die Frage nach der Wahrheit der Erscheinungen angesichts einer Technologie des Erscheinens neu bedacht werden müsse. Sein Einspruch richtete sich gegen das platonische

Höhlengleichnis, jenes »Urbild« eines Verdikts über das Spiel der Schatten. Platon beschreibt darin das Geschick von Menschen, die von Kindheit an in einer unterirdischen, höhlenartigen Wohnung gefesselt sind. Die Höhle habe zwar einen gegen das Licht geöffneten Zugang, allein ihre Bewohner könnten den Blick nicht in diese Richtung wenden. Ihre Augen folgen gebannt den Schattenbildern, die von Gegenständen, die hinter ihrem Rücken vorbeigetragen werden und von einem Feuer beleuchtet sind, auf die vor ihren Augen befindliche Wand geworfen werden. Gleichsam das Grundmuster eines verstellten, gefangenen Blicks, ist diese »kinematographische Projektion« für Platon nur der Ausgangspunkt einer allmählichen Erziehung zur Wahrheit, einer »Kunst der Umlenkung«, die aus dem unterirdischen Gefängnis herausführt – hin zum einen Licht der Wahrheit. Diese von allem »Bodensatz des Seienden« gereinigte Wahrheit wird die Menschen zum Spiegel ihrer Identität bestimmen – »subiectum« der »photo-logischen Ökonomie des Universums« (Luce Irigaray).
Als gesellschaftliches ist dieses konstituierende Gesetz der platonischen Idee deren »Gegenwelt« allmählich eingeschrieben worden: produktives Zentrum der vom Wert-Gesetz gewandelten Gleich-Gültigkeit der Dinge, eine Form gesellschaftlicher »Repräsentation«, eine Einprägung, die alles in den Sog ihrer objektiven Phantasmagorie reißt, alles dem Theater des Realen assimiliert. Das Transmissionsgelenk dieser Technologie des Erscheinens, ihre reproduzierende »Mitte«, ist die verselbständigte Produktivität des Mediums. »Zwischen das Reale und das Imaginäre und die Balance zwischen beiden zerstörend, hat sich für uns das Medium, das Bild-Medium gedrängt ... mit einer Fatalität, die ihrer eigenen Logik folgt. (...) Die Fatalität liegt in diesem Rotieren, in diesem Durchdrehen (...) der Bilder ohne Zweck und Ziel (buchstäblich: ohne Bestimmungsort), was bewirkt, daß es keine andere Bestimmung gibt für das Bild als das Bild selbst.« (Jean Baudrillard)
So gesehen, scheint sich das Programm des Höhlengleichnisses im Gefolge seiner gesellschaftlichen Verwirklichung gleichsam »eingerollt« zu haben – im Schauplatz des Bildes, der das produktive Zentrum der Verkennung und das konstitutive Gesetz des Seienden zur Deckung gebracht hat. Das Flackern des Bild-Schirms markiert das Kreuz, an dem diese Implosion der Wahrheitszeugung sich vollzieht.
Verwirklicht scheint damit auch eine gesellschaftliche Konstitution von Wahrnehmung zu sein, die eine eigene Wahrheit der Subjekte erneut nicht kennt. Die »skia-graphie« der platonischen Höhle entwirft auch das Modell ihrer gesellschaftlichen Entwicklung, ihrer Verwirklichung durch die Geschichte. So muß die Frage nach der Wahrheit unserer Wahrnehmung wiederum neu gestellt werden. Vielleicht könnten wir uns dabei der Hilfe eines anderen Bildes bedienen: jener ruhelosen Bewegung, die Samuel Beckett 1966 in *Der Verwaiser* beschrieben hat. Im Halbdunkel eines zylinderförmigen Raums, erleuchtet von gelblichem Licht, befinden sich Menschen auf der Suche, getrieben von einem nur sporadisch unterbrochenen Fieber des Sehens: »Eine Bleibe, wo Körper immerzu suchen, jeder seinen Verwaiser. Groß genug für vergebliche Suche. Eng genug, damit jede Flucht vergeblich.« Diese Bleibe kennt gerade keinen Schatten, nur ein fahles Licht, dessen Eindringlichkeit die zirkulierenden Körper am Ende in das Dunkel völliger Blindheit entläßt. Zurück bleibt einzig der raschelnde Kontakt ihrer zu Pergamenten verwandelten Haut: endloser Verkehr der »simulacra«, schweigender Fort-Schritt der Pergamente, die keiner mehr entziffern wird.
Ein Augenaufschlag ist von dieser Prozession nicht mehr zu erhoffen, nur noch von jenem unentwegten Einsatz, der sich auf die Suche nach einem einem »anderen Ort« begibt, an dem die Haut der Dinge, uns mit dem schmerzlichen Stachel des Besonderen noch zu treffen vermag.

»Nun ist es bereits zu spät geworden, um heute noch meine Arbeit abzuschließen. Ich werde morgen wiederkommen«, stellte der Photograph bei einem Blick aus dem Fenster fest.
»Verdammt, ich muß mich auch verabschieden, die Zeit ist mir davongelaufen«, erschrak Holmes, nachdem er sich bei einer Uhr dessen vergewissert hatte, und erhob sich.
»Ich bleibe noch einen Moment hier«, erklärte der Photograph, überblickte das Café, das sich zu dieser Stunde wieder geleert hatte, und schob das Kästchen zu Holmes hinüber.
»Wissen Sie, manchmal denke ich, daß ich künftig vielleicht gar nicht mehr photographiere. Dieses Sich-mit-den-Bildern-zu-orientieren, so eine Art Heimatkunde zu betreiben, das ist doch auch ein Problem. Heimat ist das, was man nicht wirklich haben kann. Das kann man nur suchen. In dem Moment, wo man es gefunden hat, hat man es schon nicht mehr. Die Bilder sind dann nur die Spur dieser Suche, man versucht durch sie einzutreten, doch sie versagen sich. Man kann nur sehen, wie weit man mit einer Sache fertig geworden ist.« Und er begann erneut aus dem Fenster zu blicken. »Sehen Sie«, und er zeigte nach draußen, »dort steht Derrida, immer noch heftig debattierend.«
»Vielleicht«, er stand auf, trat zu Holmes und reichte ihm die Hand, »vielleicht bin ich jetzt bald in der Lage, gar keine Bilder mehr produzieren zu müssen. Schließlich wollen wir alle ganz einfach nur Spaß haben, und das kann manchmal das Leben und Photographieren in einem Stadtteil sein, manchmal Sexualität, manchmal ein gutes Essen, eine Begründung findet sich schon.« Und er nickte noch einmal Holmes zu, der bereits zur Tür gegangen war, und rief ihm nach: »Am wohlsten fühle ich mich doch, wenn ich rumlaufe, gucke, einfach nur so da bin.«
»Stimmt«, antwortete ihm dieser von der Schwelle, »wenn mir das nur gelingen würde.«
Nachdem die Tür sich wieder geschlossen hatte, kehrte der Photograph an seinen Platz zurück, öffnete kurz seine Tasche, warf einen Blick hinein und schüttelte dann den Kopf.
»Nein, vielleicht nicht so«, sagte er zu sich selbst, während er die Tasche wieder zuklappte. Dann sank er in seinen Stuhl zurück und blickte wieder aus dem Fenster auf das jetzt vom fahlen, künstlichen Licht erhellte Treiben auf der Straße.
»Da steht Derrida immer noch«, dachte er, »nun ist auch noch Poe bei ihm. Beide sind über ein großes Buch gebeugt, das sie im Licht der Straßenlampe zu entziffern versuchen. Na, wenn ich ihre Gesichter recht deute, dann haben sie ihre Schwierigkeiten.« Und er lächelte. »Es läßt sich nicht lesen, das wissen Sie, Herr Poe.«
»Kellnerin, die Rechnung bitte«, – »Danke«, – »stimmt so« – und schon beim Aufstehen fügte er leise hinzu: »Wenn doch Holmes diesen Anblick noch hätte erleben können.«

HEW
STELLA
NEUE HEIMAT
HGV
WIR GEHEN NICHT IN EURE BETONGHETTOS!
WIR LASSEN UNS NICHT VERTREIBEN
PHILIP MORRIS
NERB

"For in the immediate world, everything is to be discerned, for him who can discern it, and centrally and simply, without either dissection into science, or digestion into art, but with the whole of consciousness, seeking to perceive it as it stands: so that the aspect of a street in sunlight can roar in the heart of itself as a symphony, perhaps as no symphony can: and all of consciousness is shifted from the imagined, the revisive, to the effort to perceive simply the cruel radiance of what is.
This is why the camera seems to me, next to unassisted and weaponless consciousness, the central instrument of our time; and is why in turn I feel such rage at its misuse: which has spread so nearly universal a corruption of sight that I know of less than a dozen alive whose eyes I can trust even so much as my own."

James Agee

... die herrschende Abstraktheit ... [steht] ... unserem Verkehr mit den Dingen in und um uns im Weg.
Dieser Wesenszug moderner Mentalität ist es, der unsere Versuche vereitelt, spiritueller Nacktheit zu entrinnen. So konfrontiert uns unsere Situation mit einer sehr unmittelbaren, sehr dringlichen Forderung: wenn wir uns Werte zu eigen machen wollen, die unseren Horizont begrenzen, müssen wir uns zuerst von jener Abstraktheit freimachen, so gut es geht. Beim Versuch dieser Forderung nachzukommen, mögen wir immer noch nicht imstande sein, in ideologischen Gewißheiten Anker zu werfen, aber wir haben wenigstens die Chance, etwas zu finden, nach dem wir nicht Ausschau hielten, etwas, das unendlich wichtig in sich selber ist – die Welt, in der wir leben.

Siegfried Kracauer

ZACK!
LEBEN
SABOTAGE
KRIMINELLE ALLER LÄNDER
VEREINIGT EUCH
LOVE IS A BATTLEFIELD
VORSICHT IDYLLE
BIS KEINER MEHR KANN
no chance of change
ENJOY

Es ist eine andere Natur, welche zur Kamera, als welche zum Auge spricht, anders vor allem so, daß an die Stelle eines vom Menschen mit Bewußtsein durchwirkten Raumes ein unbewußt durchwirkter tritt... von diesem optisch unbewußten [Raum] erfährt er erst durch sie [die Photographie], wie von dem Triebhaft Unbewußten durch die Psychoanalyse. Strukturbeschaffenheiten, Zellgewebe mit denen Technik, Medizin zu rechnen pflegen – all dieses ist der Kamera ursprünglich verwandter als die stimmungsvolle Landschaft oder das seelenvolle Portrait. Zugleich aber eröffnete die Photographie in diesem Material die physiognomischen Aspekte von Bildwelten, welche im Kleinsten wohnen, deutbar und verborgen genug, um in Wachträumen Unterschlupf gefunden zu haben, nun aber groß und formulierbar wie sie geworden sind, die Differenz von Technik und Magie als durch und durch historische Variable ersichtlich zu machen.

Walter Benjamin

...etwas Besonderes
NIEBUHR
WEINE · SPIRITUOSEN
NIEBUHR
Umleitung

Wir haben in der Schule die Geschichte vom Haupt der Medusa gelernt, deren Gesicht mit seinen Riesenzähnen und seiner heraushängenden Zunge so schrecklich war, daß bei seinem Anblick Mensch und Tier zu Stein erstarrten. Als Athene Perseus beauftragte, das Ungeheuer zu erschlagen, warnte sie ihn, er dürfe niemals das Gesicht selber ansehen, nur das Spiegelbild im blanken Schild, den sie ihm gab. Perseus folgte dem Rat der Athene und enthauptete die Medusa mit einer Sichel, die Hermes zu seiner Ausrüstung beigesteuert hatte.
Die Moral des Mythos ist natürlich, daß wir wirkliche Greuel nicht sehen und auch nicht sehen können, weil die Angst, die sie erregen, uns lähmt und blind macht; und daß wir nur dann erfahren werden, wie sie aussehen, wenn wir Bilder von ihnen betrachten, die ihre wahre Erscheinung reproduzieren.

Siegfried Kracauer

Zum Flohmarkt
HÖRZU
UB40

EINE
I HATE THEM ALL
Che
Guevara
LIEBE
FREIHEIT

SQUID

RESTAURANT
FISCHERHAUS
IMBISS

LLOYD TR

TAXI

TOLLERORT
TERMINAL

MARKT- u. KÜHLHALLEN

Die Realisten von heute haben gelernt oder wieder gelernt, daß die Realität so ist, wie wir sie sehen.

Siegfried Kracauer

There is nothing so mysterious as a fact clearly described.

Garry Winogrand

Wenn unsere Untersuchungsmethoden eines Tages die Dinge genauer durchdringen, werden wir das Einfache unter dem Komplexen entdecken; dann das Komplexe hinter dem Einfachen; dann erneut das Einfache hinter dem Komplexen; und so weiter, ohne daß wir je ein Ende absehen können.

Raymond Poincaré

Das ist die Daguerreotypie!
Es gibt keinen Gegenstand,
selbst nicht den Kleinsten,
der darin fehlen würde,
wenn er im Original vorhanden wäre.
Nicht zu glauben!

Katalog der allerersten
Photographie-Ausstellung

Einstmals befand sich der Mensch im Stand der Unschuld im Zentrum der Welt und war in der Lage, »alle Peripherien seiner Welt gleichsam in einem Blick« zu durchmessen. Was er auch ansah, »es drang ungehindert durch alle werkzeuglichen Nerven gleich zu der Seele«. Alles erfaßt er in einem Augenblick, ohne Räsonieren, ohne lange Schlüsse zu ziehen. »Die Seele mit einem so regulairen Leib konnte sich ohne Lehrmeister bloß durch die Sinne instruieren.«

Friedrich Christoph Oetinger

Galerie der Seeleute
Zwiebel
HAAKE BECK

Und die Augen, ... das sind deine Professores!
Darum wir nit sollen uns zu viel in die Spekulation begeben, sondern gewaltig den Elementen nachgründen ... auf daß auch die Augen, die Ohren, die Stimme, der Atem der Welt gefunden werde.
... daß wir nit allein uns die Augen sollen ersättigen, sondern uns wundern und nachforschen den natürlichen Dingen, so der Augen Gesicht nicht begreift – und doch so deutlich vor ihnen stehet als eine Säule, die vor dem Blinden stehet. Auf das Auftun der Augen also ist mein Fürnehmen gerichtet ...
Was schadet das, daß du lernest, was dich deine Augen lehren, was dich die Experienz lehret? Müssen nicht solche Dinge auch gelernet werden durch die Augen? Und die Augen, die in der Erfahrenheit ihre Lust haben, das sind deine Professores!

Theophrastus von Hohenheim
(Paracelsus)

Die Dinge so zu nehmen, wie sie sind ohne Irrtum oder Verwechslung, ohne Ersatz oder Betrug ist in sich edler als eine Ernte von Erfindungen.

Francis Bacon

Kirchenfwie

SUPER
BENZIN

Wir können nur dann darauf hoffen, der Realität nahezukommen, wenn wir ihre untersten Schichten durchdringen.

Siegfried Kracauer

Eingeordnet-Sein in die Welt.
Liebe zu den Dingen.
Einen ruhigen Blick auf Gegenstände
allgemeiner Gültigkeit.
Einen unprätentiösen Ausdruck.
Lakonisch kunstlosen Stil.
Keine Projektion von eigenen
Vorstellungen in das Objekt.
Ein Sehen von den Dingen aus.
Keine ästhetischen Sensationen.
Keine ästhetische Romantik.
Keine Seelen-Margarine.
Nicht diese beinahe astrale Blödigkeit
der Linien – und Farbwerte
zur Ausdeutung sogenannter seelischer Klänge.

Raoul Hausmann

Einbahnstraße
Tucher
Blumen
Altonaer Blume
BLUMEN
Ottenser Marktplatz

Bahrenfelder Str.
Jacobsohn & Co
Neue und gebrauchte Säcke
HARMS
OPEL
Grill
Ich liebe dich
Ich küsse Dich

Morgenpost
Tabakwaren
Morgenpost
Bild
Hamburger Abendblatt
HÖRZU
FUNK UHR
HOLSTEN
HOLSTEN
Am Felde

ARZNEIMITTEL
HOECHST
APOTHEKE
Arnoldstraße
AUTOMOBILHANDEL
SOMMER
GENUSS
FÜR
AKTIVE
R6
Arnoldstraße

VICTORIA
APOTHEKE
BAYER
ARZNEIMITTEL
Bahrenfelder Straße
Am Pflug
Victoria
APOTHEKE
STRÖER
Mustang60°
Gewinnen Sie den Mustang-Meßbecher aus purem Gold!
„Nachts bin ich besonders zart."
Milka
AN - UND VERKAUF
AUTOMOBILE
E. REIHER
TEL. 39 58 64
HH-RR 1619

FILM
HIER

46a

Die Gelehrten der sogenannten exakten Wissenschaften sind viel zu einseitig ausgebildet, so daß sie auf der Höhe ihrer Verstandeskraft nicht leicht begreifen, daß es auch eine exakte, sinnliche Phantasie geben könne, ohne welche doch eigentlich keine Kunst denkbar ist. Es gibt eine zarte Empirie, die sich mit dem Gegenstand innigst identisch macht und dadurch zur eigentlichen Theorie wird.

Johann Wolfgang von Goethe

Das grünere
Grün. Mitsubishi
Video
Nur im Rundfunk-Fernsehfachhandel
ANTAGON

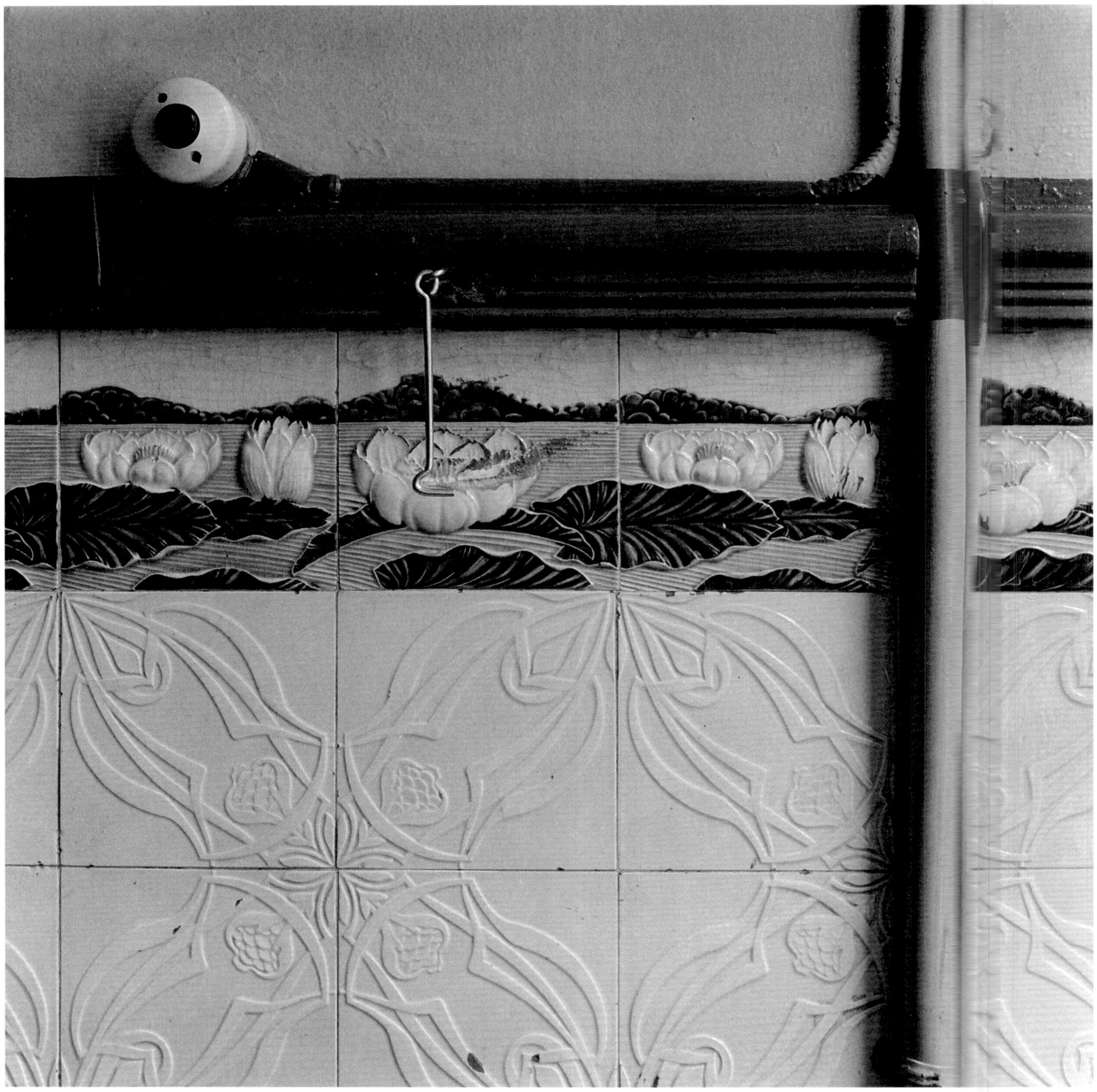

KRIEG DEM IMPERIALISTISHEN KRIEG !
KPD/M

SANITÄTSHAUS
Gottschalk
MÖBELHAUS

Mühle
103

EinFart
Frei
116

3.15
JUNO

Ein Bild machen... bedeutet, den Atem anhalten, während alle Sinne im Antlitz der entfliehenden Realität übereinstimmen. In einem solchen Augenblick wird die Beherrschung des Bildes eine große körperliche und geistige Freude.
Photographieren heißt, gleichzeitig und im Bruchteil einer Sekunde sowohl die beobachtete Tatsache selbst erfassen als auch die strenge Organisation der visuell wahrgenommenen Formen erkennen, die deren Aussage darstellen... Indem wir leben, entdecken wir uns selbst und gleichzeitig die Außenwelt, die auf uns einwirkt, auf die wir aber auch einwirken können. Zwischen dieser inneren und äußeren Welt muß ein Gleichgewicht geschaffen werden, die beiden Welten bilden in einem immerwährenden Dialog ein einziges Ganzes, und den Begriff davon müssen wir mitzuteilen versuchen.

Henri Cartier-Bresson

10
AV
0,7
36

Peter Kron
Peter Kron
Vaillant
Peter Kron
Einbahnstraße
KLEMPNEREI
Peter Kron
HH-LS 1795

Take
Off
Einbahnstraße
SCHLOSSEREI

Schneiderei
geöffnet:
Piancatelli
Sonnabends bis
Heute Gebracht
Morgen Gemacht!
Piancatelli
geöffnet:
Sonnabends bis
Heute Gebracht
Morgen Gemacht!

Die Verwandlung in den geistigen Begriff rechnet damit, daß jemand anderer ihn wieder auffassen und auflösen kann. Der Gebrauch einer Abstraktion ... setzt ... notwendig die Phantasie im anderen voraus, die Fähigkeit ... zur Wiederbelebung. ... soll ... die Welt nicht in dieser Abstraktion stecken bleiben ..., wie die plattgewalzte Pflanze im Herbarium.

Hans Gerhard Evers

21
J.A.G.
Drechsler.

ASTRA
FLASCHENBIER

Wir sollten eine Landschaft niemals nur,
wie dies heute leider meist geschieht,
im »Vorübergehen« betrachten oder photographisch darstellen,
sondern wir sollten in ihr uns bewegen,
sie in ihren Falten und Winkeln,
in ihren Tiefen und auf ihren Höhen erforschen:
Wir sollten mit ihr leben.
Dann werden wir mit Entzücken ... feststellen, daß dieser oder jener Teil einer Gegend ein Morgen-, Mittag- oder Abendgesicht hat, daß Sonnenschein, Regen, Nebel und Wolken aktive und ausdrucksvolle Mitspieler auf Wiese und Flur, in Feld und Wald sind –, ohne daß wir deshalb in die so sehr verachtete »Feld-, Wald- und Wiesenpoesie« verfallen müßten – und wir werden entdecken, daß es in Wirklichkeit, nehmen nur wir sie nicht billig, eine solche Poesie gibt.

Raoul Hausmann

Not a single shot of Wall Street,
and absolutely no celebrities.

Roy Emerson Stryker

Das deutsche Publikum hat im allgemeinen einen Abscheu vor der Wirklichkeit. Selten will es scheinen, wie es ist, jeder hat das Bedürfnis sich im Bildniß nach einem vagen Ideal gesteigert zu sehen ... Das Publikum schätzt ... die schöne Ähnlichkeit.

Alfred Lichtwark

H. Schmidt
Henke
Reising
Eichler
E. Möller
Klemm
Heesch
Jappe
SCHILLING
H. RUNGE

HEW

Wir wollen im photographischen Bilde nicht mehr immer und überall die absolute Wahrheit mit allen ihren Blössen und Gebrechen. ... wir wollen sie geläutert, wollen sie im Bunde mit der Schönheit sehen, mit einem Wort, wir wollen künstlerische Photographien.

Ein Photoamateur in der *Photographischen Rundschau,* 5. Jg. 1891.

… 5. Wahrheit
Antwort des ehemaligen Chefredakteurs der *Welt, Stern*-Autors und Leiters der Gruner + Jahr-Journalistenschule auf die Frage nach allgemeingültigen Regeln für das journalistische Handwerk.

Die Zeit, 15. Juni 1990

JLSE-DROGERIE
FARBEN
TAPETEN
HH-KA 680

MENDE & HAACK
SCHIFFSZIMMEREI
HOLZHÄNDEL
TISCHLEREI
IN ZUKUNFT PHILIP MORRIS
König-Pilsener, das Privat-Bier.
Qualität macht Freunde.
Mende & Haack GmbH
Tel. 43 30 27
SPD
Im deutschen Interesse.
Was, Sie kennen McRib noch nicht?

Chemnitz Stuben
ASTRA
Im deutschen Interesse

Leserfrage in der österreichischen Tageszeitung *Focus:* »Was hat *Focus* gegen Schönheit?«
Antwort von Telemax: »Sicher ist, daß allzuviel Schönheit unerträglich werden kann. Man nennt das ›Horror pulchri‹, das Schaudern vor dem Schönen.«

98

Wer fasziniert ist, sieht das, was er sieht, nicht im eigentlichen Sinne des Wortes, sondern es berührt ihn in einer unmittelbaren Nähe, es ergreift ihn und nimmt ihn in Beschlag, obgleich es ihn völlig distanziert sein läßt. Die Faszination ist wesentlich mit der neutralen, unpersönlichen Anwesenheit verbunden, dem unbestimmten »Man«, dem ungeheuren, gesichtslosen »Jemand«. Sie ist die neutrale und unpersönliche Beziehung des Blickes zur Tiefe ohne Blick und Umriß, die Abwesenheit, die man sieht, weil sie blendet.
Wer fasziniert ist, nimmt keinen wirklichen Gegenstand wahr, keine wirkliche Gestalt, denn was er sieht, gehört nicht der Welt der Wirklichkeit an, sondern der unbestimmten Sphäre der Faszination ...

Maurice Blanchot

EDUSCHO
MORGEN POST
Die Zeitung mit Format
Tabakwaren - Spirituosen
MANFRED BOCKELMANN
221
PHILIP MORRIS

Coca-Cola
SPORTCLUB ALLROUND
Coca-Cola
Barre Bräu
Allround
Barre Bräu

erdgas
Erdgas ist Naturgas
Marmor
Grabmale
HARMS & SÖHNE
rm. Klein & Reher
GMBH

SPIRITUOSEN

BAVARIA
Zimmer
frei

ALTONA-BILDER

Altona hat mich mit seinen gegenstandslosen Daten, seiner Einwohnerzahl, seinen Quadratkilometern, seiner Stadtgeschichte und seinen politischen Verhältnissen nie unmittelbar interessiert. Altona ist mein Wohnort. Und interessiert, aufgeregt oder abgeschreckt hat mich die Realität der Nachbarschaft. Sie habe ich mir immer wieder angesehen, und sie habe ich photographiert. Wenn ich heute, nach mehr als zehnjähriger Arbeit des Erforschens und Bildermachens, genau sagen sollte, warum ich mich eigentlich so angestrengt habe, kann ich es nur in dieser unsicheren Weise versuchen.

Der Anlaß für meine Erkundungen im Stadtteil Altona war ein Wohnortwechsel vom Stadtrand Hamburgs zurück in die Stadtmitte, vor allem aber ein radikaler Wechsel in der Gebrauchsweise von Photographie. Meine bis dahin produzierten Hamburg-Bilder waren nach erfolgreichen Mustern gut photographiert. Ihre Ästhetik des repräsentativen Ausschnitts, des günstigen Augenblicks und des besonderen Gegenstandes war zum wirkungsvollen Teil eines allgemeinen Hamburg-Bildes geworden. Aber für mich hatte sich ihre Wirkung umgekehrt. Meine schönen Bilder verstellten mir immer mehr gerade die Realität, die ich erkunden und vermitteln wollte. Sie waren, so gut und genau sie in ihren Ausschnitten auch immer gewesen sind, nicht mehr Beleg einer sorgfältigen, auf das Ganze gerichteten Beobachtung, sondern nur noch touristische Makulatur, die für Werbezwecke genauso beliebig verwendet werden konnte wie für alles andere. Natürlich wollte ich meine Bilder niemals als Wahrheit an sich nehmen. Aber sie sollten glaubwürdig auf das Reale verweisen und als Information brauchbar sein. Irgendwann jedoch hatten sie sich von den Tatsachen abgelöst, waren auf eine kommerzielle Brauchbarkeit reduziert und für mich nur noch ein Surrogat.

Diese Erfahrung war für mich Anlaß und Anfang für eine andere Photographie. Ich wollte meine neuen Nachbarschaften kennenlernen, »um den Block laufen«, sagt man in Hamburg, und versuchen, meine Erkundungen authentischer zu beschreiben. Wie mühevoll das für mich werden würde, wie anstrengend und grundsätzlich die Auseinandersetzung mit der Realität, mit der Wahrnehmung und der Photographie sein kann, war mir nicht von Anfang an klar. Gewohnt, Realität als Stoff zu sehen, aus dem man Bilder um ihrer selbst willen macht, mußte ich erst lernen, Bilder um der Realität willen zu photographieren. Ich war immer nur wie ein »Jäger« in den Straßen der Stadt herumgelaufen, vom Instinkt geleitet, konzentriert auf Spurensuche, Spurensicherung und auf der Suche nach dem »entscheidenden Augenblick des Photographen«. Wie kompliziert Photographie sein kann, wieviel Mut und Phantasie sie erfordert, wie man mit der Welt und ihren Bildern umgeht, das hatte ich nur geahnt.

Meine Altona-Bilder waren zunächst als Dokumentation eines Stadtteils geplant, als sachliche Beschreibung des eigenen Wohnortes. Aber dann haben die ersten Ergebnisse ein großes Nachdenken ausgelöst, einen schmerzhaften Prozeß von Einsichten in die eigene und fremde Realität. Absichten und Handlungsweisen waren auf einmal fragwürdig geworden. Ich fühlte mich wie dieser »sprichwörtliche« Seemann, der nach seinem plötzlichen Schiffbruch mit einem Koffer in der Hand hilflos mitten auf dem Ozean steht und auf ein rettendes Schiff wartet. Immerhin, ich habe mich retten können. Irgendwann kam Land in Sicht. Altona war der Kontinent und das rettende Schiff ein neues Bewußtsein und eine neue Gebrauchsweise von Photographie. Dieses Scheitern einer Weltanschauung, der Verlust einer einfachen, aber erfolgreichen und vielleicht auch »glücklicheren« Photographie, war schmerzvoll. Aber die Folgen, die Bilder dieses Buches, sind, glaube ich, alle Anstrengungen wert. Das Ergebnis ist ein ebenso subjektives wie auch objektives Bild der Stadt-Teile Altonas. Damit es nicht zu schnell gelesen wird und auch wirklich entziffert werden kann, möchte ich hier versuchen, meine wichtigsten Einsichten und den Prozeß meiner Arbeit deutlich zu machen.

Zuerst war immer, noch vor der Phantasie, meine Neugier da. Nicht die Neugier des Zeitvertreibs, des einfachen Erlebnishungers, sondern die intensive, lustvolle Neugier des genauen Hinsehens. Neugier als eine beunruhigende Kraft im Versuch, sich der Welt anzunähern, in sie einzudringen, sie zu ordnen und sie sich anzueignen. Neugier vielleicht auch als ein Streben nach Gewißheit und als ein diffuser Antrieb zu einer über die Grenzen des eigenen Ichs hinausweisenden spirituellen Kommunikation.

Faszination, die Bezauberung durch die Welt, war die andere Kraft. Aber ich hatte nicht gleich begriffen, daß sie der Neugier, der Zuneigung zu den Dingen, entgegengesetzt wirkt. Was ich ungeteilt als Lebenslust und Lebenskraft empfunden hatte, als Selbstverwirklichung, narzistischen Schönheitshunger oder einfach nur als Bilddruck, waren zwei sehr verschiedene Kräfte. Ich konnte oder wollte vielleicht auch nicht auseinanderhalten, daß sich in der Neugier unsere Beziehung zur Welt entfaltet und in der fremden, mächtigen Wirkung der Faszination die Beziehung der Welt zu uns.

Diese »Beziehungsschwierigkeit« ist sehr gut im platonischen Höhlengleichnis dargestellt. Platon beschreibt darin die Gefangenschaft des Menschen, der vor einer Höhlenwand so eng gefesselt ist, daß er nicht erkennen kann, daß die Bilder auf der Wand vor ihm nicht das Reale selbst sind, sondern nur dessen Schatten. Dieser Mensch, sagt Platon, könne seine Gefangenschaft überwinden, wenn er sich seiner Fesseln entledigen und aus dem Dunkel der Höhle zum Licht, zur Welt streben würde. Er müsse mit seinem Verstand, seiner Seele und seinem Leib die Welt betrachten und lernen, sie zu verstehen. So wäre er fähig, die Bilder an der Höhlenwand, ihren Entwurf und ihre Faszination zu durchschauen und das Reale dahinter zu erkennen.

Platon geht in seiner Theorie von einer ursprünglichen Einheit der Welt aus, die sich in ihren Erscheinungen teilt. Das Höhlengleichnis beschreibt einen Aspekt dieser Teilung, die Entfremdung des Menschen von der Welt und ihre Aufhebung durch Erkenntnis. Sehr genau hat Platon erklärt, wie wir in den Erscheinungen, so trügerisch diese auch sein mögen, die Wahrheit finden können.

Seine klugen und sinnvollen Anweisungen zum Prozeß unserer Aufklärung, zur Entdeckung unserer Identität und zur Wahrnehmung von Realität haben die aufgeweckten Abendländer allerdings auf ihre Weise ausgelegt. Platons Weisheit haben die Machthaber unserer Welt und die Funktionäre ihrer Herrschaft sich geschickt zunutze gemacht. Die Tatsache, daß unsere Seele beim Anblick des Schönen, in dem das Reale sichtbar wird, »atemlos« werden kann, und daß Schönheit auch für sich, in der Faszination nämlich, wirken kann, haben sie schlau für ihre Zwecke genutzt. Sie haben die platonische Einheit von Schein und Sein aufgelöst, den Schein bis ins Allerfeinste kultiviert, einen Markt organisiert und für das Ganze eine Ideologie des »Guten, Wahren und Schönen« ausgedacht. Der Mensch dieser Kultur wird nicht mehr mit echten Wahrheiten bedient, sondern nur noch mit Surrogaten, mit synthetisierten Faszinationen.

Auch ich bin wohl auf diese Mogeleien hereingefallen. Immer noch Platon und ähnliche abendländische Muster im Sinn, hatte ich mich neugierig und fasziniert auf Realitäten gestürzt, die nur noch Kulissen waren. Wahrheiten waren zu Wirkungen gemacht worden, und von diesen Wirkungen wurde ich so mitgerissen, daß meine Wahrnehmung nur noch als bedingter Reflex arbeitete. Dennoch bin ich Photograph geblieben und habe meine Lektionen gelernt: einer manipulierten Realität nicht nachzugeben, sondern ihr zweifelnd, fragend und forschend immer wieder auf den Grund zu gehen. Schließlich habe ich genauere Bilder gemacht – Bilder mit verläßlicheren Informationen statt mit noch mehr Schönheit.

Photographie ist ein Medium, das sichtbare Erscheinungen authentisch und identifizierbar abbildet. Diese Eigenschaft ist vielleicht nicht mehr zeitgemäß, wenn es überall eher um leichtfertiges Vergnügen als um Aufklärung im Sinne Platons zu gehen scheint. Aber ich wollte die Dinge, ihre Ursachen und ihre Wirkungen besser verstehen und durch Bilder auch anderen verständlich machen. Daß mein Versuch, der ja ganz ausdrücklich gegen den Zeitgeist gerichtet ist und gegen die Behauptungen seiner Propagandisten, daß Realität sowieso nicht zu beweisen sei und man sie deshalb besser selber herstelle, an seinem altmodischen Eigensinn scheitert, riskiere ich gern. Für mich hat sich dieser ganze Prozeß von Heimatforschung, Selbstsuche und Photographie jedenfalls sehr gelohnt. Meine Neugier ist befriedigt, meine Zuneigung zu den Dingen bestärkt und die Sicherheit vor der Realität stabilisiert. Ein anständiges Mißlingen ist mir lieber als der Erfolg einer Photographie, die unsere Welt nur disneyfiziert.

Was sich nicht, wie erwartet, erfüllt hat, sind die Hoffnungen, die ich in die »Heimatsuche« gesetzt hatte. Meine Vorstellung war bisher, daß man eine »Heimat« haben muß, weil man nur in ihr eine Identität finden kann. Deshalb bin ich ja losgelaufen zum Suchen und Ordnen, ich wollte meine »Beziehungslosigkeit« vor Ort ändern. Natürlich war es nicht meine Absicht, wie ein beutegieriger Sammler die Dinge in Besitz zu nehmen und meine Kästen mit aufgespießten, toten Trophäen zu füllen. Aber durch Wahrnehmung und über die Annäherung hinaus, meinte ich, würden sich auch materielle Formen von Aneignung bilden. Das ist jedoch nicht der Fall gewesen. Nachdem ich alles erforscht und durchschaut glaubte, schien ich das, was ich unter »Heimat« verstanden hatte, gar nicht mehr zu benötigen. Ich mußte erst begreifen, daß sich in den Speichern meines Kopfes, meines Körpers und meiner Seele eine ganz und gar spirituelle Form von »Heimat« gebildet hatte. Die Dinge, denen ich durch sorgfältige Wahrnehmung und »empathische Photographie« näherzukommen versucht hatte, waren ganz ungegenständlich Bewußtsein geworden. Das hat mich zunächst sehr irritiert, aber immerhin konnte ich so meine Arbeit nachträglich richtig bewerten.

Drei wichtige Erfahrungen meiner Wahrnehmung von Realität möchte ich festhalten. Erstens: Es gibt die Welt. Was wir sehen, hören und fühlen ist Realität. Zweitens: Wir können ohne diese Welt nicht leben. Wir sind ihr vielleicht entfremdet, vielleicht auch schon ganz darin verloren, aber wir müssen in diesem Dasein existieren. Drittens, und das ist meine wichtigste Erfahrung: Unsere Lebensqualität und die Qualität der Welt, in der wir leben, wird bestimmt davon, wie wir mit dieser Welt umgehen. Das Denken könnte eine Methode sein. Aber für viele wichtige Prozesse lebendiger Kommunikation sind die Fähigkeiten des Verstandes nicht gut geeignet, und es gibt Handlungsweisen, die es erlauben, die Realität zu verstehen und mit ihr zu leben, ohne sie materiell zu berauben oder gar zu ruinieren. Realität kann Gegenstand unserer Phantasie, unserer sinnlichen Erfahrung sein und in den Entwürfen, den Bildern, die wir uns von ihr machen, durchaus wieder materielle Qualität werden. Diese Handlungsweise muß nicht ein Verzicht auf das Denken sein, aber sie wird im wesentlichen von der Seele, ihren wunderbaren Fähigkeiten, den superschnellen, supersensitiven Gefühlen und den Kräften des Körpers geleistet.

Roland Barthes beschreibt in seinem Buch *Die helle Kammer* drei Betrachtungsweisen von photographischen Bildern, die zugleich auch Wahrnehmungsweisen gegenüber der Realität sein können. Die erste ist das »Studium«, die Methode des Verstandes und der sogenannten exakten Wissenschaften. Die zweite Möglichkeit, Realität unmittelbar und intuitiv zu durchdringen, wird als »Punctum« bezeichnet. Die dritte, ideale Methode der Wahrnehmung ist die Zusammenarbeit von »Studium« und »Punctum«. Dieser Methode habe ich mich hier bedient.

Der Verstand hat den Handlungsort und den Handlungsplan bestimmt. Die Dispositionen der Annäherung aber und den entscheidenden »Augenblick« der Photographie bestimmte die Intuition. Die Funktionäre der Rationalität mögen dies für konfus und unberechenbar halten, für einen Vorgang, in dem Informationen uns dumpf ins Gemüt fallen, um dort unreflektiert zu versinken. Für mich ist Intuition jedoch das genaue Gegenteil. Nur sie kann die Ordnung der Dinge ganz durchdringen, sie spontan, komplex und unverzögert analysieren und sie umfassend begreifbar machen. Wenn wir die Welt, die eigene und die des großen Ganzen erforschen, sind wir auf Lust und Neugier, auf eine produktiv beteiligte Phantasie und eine Empfänglichkeit angewiesen, die alle Erscheinungen vollständig erfaßt. Das kann der Verstand, das »Studium«, allein nicht leisten. Seine Langsamkeit und seine, gegenüber den Faszinationen, blinde Arbeitsweise erschweren kommunikatives Handeln. Mit der Intuition hingegen, dem »Punctum«, und einer Methode, die alle Anmutungen präzise bezeichnet, der Photographie, kann es vielleicht gelingen, Realität lebendig zu vermitteln.

Hans Meyer-Veden

Nachweise

S. 18
James Agee, in: James Agee und Walker Evans, *Let Us Now Praise The Famous Man,* Boston 1936, S. 11

S. 20
Siegfried Kracauer, *Theorie des Films. Die Errettung der äußeren Wirklichkeit,* Bd. 3 der *Schriften,* hrsg. von Karsten Witte, Frankfurt 1979, S. 384

S. 22
Walter Benjamin, *Das Kunstwerk im Zeitalter seiner technischen Reproduzierbarkeit,* Frankfurt, 12. Auflage 1981

S. 24
Siegfried Kracauer, *Theorie des Films. Die Errettung der äußeren Wirklichkeit,* Bd. 3 der *Schriften,* hrsg. von Karsten Witte, Frankfurt 1979, S. 395

S. 36
Siegfried Kracauer, *Theorie des Films. Die Errettung der äußeren Wirklichkeit,* Bd. 3 der *Schriften,* hrsg. von Karsten Witte, Frankfurt 1979, S. 31

S. 38
Garry Winogrand, 1974

S. 40
Raymond Poincaré, 1860-1934, französischer Politiker, zitiert nach: John Szarkowski und Maria Morris Hambourg, *Eugène Atget,* Bd. 4: *Das neue Jahrhundert,* München 1985, S. 179

S. 42
Katalog der ersten Photographie-Ausstellung

S. 44
Friedrich Christoph Oetinger, 1765, zitiert von Heinrich Schipperges, in: *Welt des Auges. Zur Theorie des Sehens und Kunst des Schauens,* Freiburg, Basel und Wien 1978, S. 75

S. 48
Theophrastus von Hohenheim (Paracelsus), *Sämtliche Werke,* Bd. IX, S. 29, 253

S. 52
Francis Bacon, 1580, zitiert von Karin Becker Ohrn, in: *Dorothea Lange and the Documentary Tradition,* Louisiana State University Press 1980, S. 233. Die Photographin Dorothea Lange hatte diesen Spruch an ihre Dunkelkammertür geheftet.

S. 56
Siegfried Kracauer, *Theorie des Films. Zur Errettung der äußeren Wirklichkeit,* Bd. 3 der *Schriften,* hrsg. von Karsten Witte, Frankfurt 1979, S. 387

S. 58
Raoul Hausmann, „Formeln eines persönlichen Lebensplans"

S. 68
Johann Wolfgang von Goethe, *Wilhelm Meisters Wanderjahre*

S. 9[illegible]
Henri Cartier-Bresson im Katalog einer Cartier-Bresson-Ausstellung des Hamburger Museums für Kunst und Gewerbe, 198[illegible]

S. 102
Hans Gerhard Evers, »Briefe über die Architektur-Fotografie«, *Baukunst und Werkform* Nr. 9, 1954, S. 524

S. 108
Raoul Hausmann, zitiert nach: *Gegen den kalten Blick der Welt. Raoul Hausmann – Fotografien 1927-1933,* Ausstellungskatalog des Österreichischen Fotoarchivs, Wien 19[illegible], S. 81

S. 1[illegible]0
Roy Emerson Stryker and Nancy Wood, *In this Proud Land,* New York 1973, S. 34

S. 1[illegible]2
Alfred Lichtwark, »Die Bedeutung der Amateurphotographie«, Vortrag gehalten 1[illegible]9[illegible], zitiert nach: Fritz Kempe, *Photographie zwischen Daguerreotypie und Kunstphotographie,* Ausstellungskatalog des Museums für Kunst und Gewerbe, Hamburg 1977, S. 23

S. 1[illegible]8
Photoamateur in der *Photographischen Rundschau,* 5. Jg., 1891, S. 199

S. 120
Antwort des ehemaligen Chefredakteurs der *Welt, Stern*-Autors und Leiters der Gruner + Jahr-Journalistenschule auf die Frage nach allgemeingültigen Regeln für das journalistische Handwerk.
Die Zeit, [illegible]5. Juni 1990

S. 126
Focus, [illegible] August 1987

S. 130
Maurice Blanchot, *Die wesentliche Einsamkeit,* Berlin 1959, S. 43, 44

Abbildungsverzeichnis